Roberto Arlt
BESOMUČNA IGRAČKA

REČ I MISAO
KNJIGA 581

Urednik
JOVICA AĆIN

Na koricama
Georg Gros, *Sivi dan* (1921)

ROBERTO ARLT

BESOMUČNA IGRAČKA

Roman

Prevela
ALEKSANDRA MANČIĆ

IZDAVAČKO PREDUZEĆE „RAD"
BEOGRAD

BESOMUČNA IGRAČKA

Lopovi

Kada sam imao četrnaest godina, u slasti i čežnje razbojničke književnosti uputio me je neki stari obućar Andalužanin koji je imao radnju za krpljenje cipela pored gvožđare sa zeleno-belom fasadom, u ulazu neke stare zgrade u Ulici Rivadavia između Ulica Južna Amerika i Bolivija.

Pročelje onog ćumeza bilo je ukrašeno šarenim koricama sveščica u kojima se pripovedalo o pustolovinama Monbara Gusara i Venonga Mohikanca. Mi dečaci smo po izlasku iz škole uživali posmatrajući slike okačene na vratima, izbledele od sunca.

Ponekad bismo ušli da kupimo pola kutije cigareta barilete, a čovek nije hteo ni da ustane s klupice da trguje s nama.

Povijenih ramena, ispijenog lica, bradat, i još pride šepav, nekako čudno šepav, stopala oblog kao mazgino kopito i pete okrenute prema spolja.

Kad god bih ga ugledao, setio bih se poslovice što je moja majka imala običaj da je ponavlja: „Čuvaj se onih koje je Bog obeležio.“

Često bi sa mnom pročitao nekoliko odeljaka, i dok bi vadio neku ofucanu čizmu sa gomile konjskih oglava i kotura kože, s gorčinom propalog čoveka upoznavao me je s najčuvenijim razbojnicima u hispanskim zemljama, ili bi mi hvalio nekog suseda široke ruke kome je čistio cipele što mu je davao po dvadeset centava napojnice.

Kako je bio pohlepan, osmehivao bi se kad bi pomenuo tu mušteriju, i od gramzivog osmeha od kojeg obrazi ne bi uspeli da mu se naduju, nabrala bi mu se usna iznad tamnih zuba.

Osećao je naklonost prema meni iako je bio veliki namćor, i za nekih pet centava kamate iznajmljivao mi je knjižice nabavljane dugotrajnim pretplaćivanjima. Tako mi je, predajući mi povest o životu Dijega Korijentesa, rekao:

– Ovaj momak, sine... Kakav momak!... Bio je lepši nego rružža, a ubiše ga žandari...

Zanatlijin glas drhtao je s prizvukom srdžbe:

– Lepši nego rružža... eto šta ti je zla sreća...

Zatim bi razmišljao:

– Zamisli ti to... Davao siromahu što je uzimao od bogataša... Imao po ženu u svakom selu... Pa, kad je bio lepši nego rružža...

Na mansardi koja je zaudarala na lepak i kožu, njegov glas budio je snove o zelenim bregovima. Cigani su se veselili po obroncima... Cela jedna čulna, planinska zemlja iskrsnula bi mi pred očima prizvana njegovim rečima.

– Ama, bio je lepši nego rružža – i šepavac bi izlio svoju tugu omekšavajući đon udarcima čekića preko gvozdene ploče koju je držao naslonjenu na kolena.

Zatim bi, slegnuvši ramenima kao da odbacuje neku neumesnu misao, kroz zube otpljunuo u ćošak, i brzim pokretima oštrio šilo o kamen.

Potom bi dodao:

– Videćeš kako je to lep kraj kad stigneš do donje Inesite i do čiča Pesunjinog svratišta – i kad bi video da sam knjigu poneo sa sobom, doviknuo bi mi kao upozorenje:

– Pazi na nju, dečko, para me je koštala – i vratio se svom poslu, pognuvši glavu do ušiju pokrivenu kapom mišje boje, prstima umrljanim lepkom pročeprkao po nekoj fioci, napunio usta ekserčićima i nastavio da udara čekićem, tup... tup... tup... tup...

Pomenuta literatura, koju sam gutao u brojnim „nastavcima", bila je povest o Hoseu Mariji Andalužanskoj Munji, ili pustolovine don Haimea Bradatog i drugih manje-više autentičnih i živopisnih lupeža na sličicama što su ih predstavljale ovako:

Vitezovi na veličanstveno ukrašenim bedevijama, crni zulufi na rumenom licu, preko toreadorskog repića kordopski šešir sa sedam odsjaja i kremenjača o unkašu. Uglavnom su velikodušnim pokretom pružali žutu vreću novca nekoj udovici što s detetom u naručju stoji podno zelenog brežuljka.

Tada bih ja sanjario o tome da sam razbojnik i da zavrćem šije pohotnim korehidorima; ispravljao krivde, štitio udovice, volele su me izvanredne deve.

Bio mi je potreban drug u pustolovinama iz rane mladosti, a to je bio Enrike Irsubeta.

Taj vam je bio neki golja za koga sam stalno slušao da ga nazivaju poučnim nadimkom Krivotvor.

Evo kako čovek gradi sebi ime i kako ugled pomaže početniku u hvalevrednoj veštini „kako nasamariti budalu". Enrike je imao četrnaest godina kad je prevario nekog bombondžiju, što je očigledan dokaz da su bogovi odredili kakva će sudbina prijatelja Enrikea biti u budućnosti. Ali, pošto su bogovi lukavog srca, uopšte me ne iznenađuje što, dok pišem ove svoje uspomene, saznajem da se Enrike smestio u neki od onih hotela koje je Država spremila za prevelike junačine i lenštine. Istina je ovakva:

Izvesni proizvođač je, kako bi podstakao prodaju svojih proizvoda, započeo nagradnu igru u kojoj su se mogli dobiti pokloni namenjeni onima koji donesu zbirke zastava čiji su se primerci mogli naći sa unutrašnje strane omota svake bombone. Teškoća je bila u tome da se (pošto je bila izvanredno retka) pronađe zastava Nikaragve. Te besmislene nagradne igre, poznato je, oduševljavaju dečake koji, vezani zajedničkim interesom, svakodnevno preračunavaju ishod svojih napora i tok svojih strpljivih istraživanja.

Tada je Enrike obećao drugovima iz kraja, šegrtima u stolarskoj radnji i sinovima nekog govedara, da će krivotvoriti zastavu Nikaragve ako mu je neko od njih donese.

Dečko se predomišljao... oklevao je znajući na kakvom je glasu Irsubeta, ali je Enrike, kako njegova čast ne bi bila dovedena u pitanje, kao zalog velikodušno ponudio dva toma *Istorije Francuske* gospodina Gizoa.

Tako je dogovor sklopljen na pločniku ulice, u stvari nekog ćorsokaka sa svetiljkama obojenim u zeleno po uglovima, malobrojnim kućama i dugačkim ogradama od cigle. Povrh nadstrešnica u daljini polegao je plavetni nebeski svod, i uličica je bila tužna samo zbog jednoličnog šuma motorne testere ili mukanja krava u staji.

Kasnije sam saznao da je Enrike uz pomoć mastila i krvi tako vešto reprodukovao zastavu Nikaragve da se original uopšte nije razlikovao od kopije. Mnogo dana kasnije Irsubeta je imao veličanstvenu pumparicu koju je prodao nekom staretinaru iz Ulice Rekonkista. Sve se to dešavalo u vreme kad su junačni Bono i hrabri Vale bili strah i trepet u Parizu.

Ja sam već bio pročitao četrdeset i nekoliko tomova koje je vikont Ponson di Teraj napisao o usvojenom sinu mame Fipar, veličanstvenom Rokambolu, i želeo sam da budem razbojnik visoke klase.

I tako sam jednog letnjeg dana u zapuštenoj bakalnici u kraju upoznao Irsubetu. Vreo čas sjeste pritiskao je ulice, a ja sam, sedeći na sanduku punom trave matea, raspravljao sa Iipolitom, koji je koristio snove svoga oca kako bi pravio aeroplane s kosturom od bambusa. Ipolito je hteo da bude avijatičar, „ali je prethodno morao da reši problem spontane stabilnosti". Drugi put bi ga, opet, zanimalo rešenje problema kontinuiranog kretanja, i obično me je pitao za mišljenje o mogućem ishodu svojih mozganja.

Ipolito je, laktova naslonjenih na novine umašćene od slanine, između posude sa sirom i šarenih štapića „iz kutije", s ogromnom pažnjom slušao moju tezu:

11

– Mehanizam „časovnika" ne može da posluži za elisu. Stavi električni motorčić i suve baterije u „trup".

– Pa kako onda podmornice....

– Kakve podmornice? Jedina opasnost je u tome da ti struja ne sprži motor, ali će aeroplan mirnije da leti, i proći će dosta vremena pre nego što se baterije potroše.

– Burazeru, a da neće motor da ti proradi i na bežičnu telegrafiju? Morao bi da proučiš taj izum. Znaš li šta bi bilo lepo?

U tom trenutku je ušao Enrike.

– Hej, Ipolito, kaže mama, ako hoćeš da mi daš pola kile šećera na veresiju.

– Ne mogu, burazeru; stari mi je rekao, dok ne platite što je već na rabošu...

Enrike se malo namrštio.

– Čudi me, Ipolito!...

Ipolito je pomirljivo dodao:

– Da se ja pitam, znaš već... ali, stari se pita, burazeru – i pokazujući na mene, zadovoljan što može da skrene temu razgovora, dodade, obraćajući se Enrikeu:

– Buarzeru, znaš li Silvija? To je onaj s topom.

Irsubetino lice sinulo je od poštovanja.

– Ah, to ste vi? Čestitam. Dečko što čisti staju rekao mi je da opaljuje kao Krupov...

Dok je pričao, ja sam ga posmatrao.

Bio je visok i mršav. Na ispupčenom čelu prošaranom pegama gospodstveno mu se kovrdžala sjajna crna kosa. Imao je oči boje duvana, malo iskošene, i nosio mrko odelo koje su njegovom stasu prilagodile ruke ne naročito vične krojačkim poslovima.

Naslonio se na ivicu tezge, spustivši bradu na dlan. Izgledao je kao da razmišlja.

Ta moja pustolovina stopom bila je čuvena, i voleo sam da me podsećaju na nju.

Od nekih radnika kompanije za električnu energiju kupio sam čeličnu cev i nekoliko funti olova. Od tih elemenata napravio sam ono što sam nazvao artiljerija ili „lumbarda". Postupio sam ovako:

U šestougaoni drveni kalup, iznutra obložen blatom, ubacio sam čeličnu cev. Prostor između unutrašnjih površina ispunio sam istopljenim olovom. Pošto sam razbio kalup, otesao sam odlivak grubom turpijom, i tako učvrstio cev pomoću limenih prstenova za lafet napravljen od najdebljih dasaka od sanduka za kerozin.

Lumbarda mi je bila prelepa. Izbacivala je projektile od dva cola u prečniku, a punjenje sam stavljao u vrećice od sargije pune baruta.

Gladeći svoje malo čudovište, mislio sam: „Ovaj top može da ubija, ovaj top može da uništava", i ubeđen da sam stvorio poslušnu, po život opasnu napravu, poludeo sam od radosti.

Dečaci iz susedstva s divljenjem su ga proučavali, i to ih je uverilo u moju intelektualnu nadmoć, koja je od toga časa bila bog i batina kad god bismo pošli u krađu voća ili otkrivanje blaga zakopanog na poljani iza jaruge Maldonado u crkvi Svetog Josifa od Cveća.

Dan kada smo isprobali top bio je veličanstven. Izveli smo ogled iza žbunja živice na ogromnoj ledini u Ulici Aveljaneda, nedaleko od Ulice San Eduardo. Dečaci su me okružili dok sam ja, navodno oduševljeno, punio top kroz cev. Zatim, kako bih proverio njene balističke kvalitete, naciljali smo u cinkani rezervoar koji se nalazio na ogradi obližnje stolarske radnje i snabdevao je vodom.

Uzbuđeno sam primakao šibicu fitilju; taman plamičak suknuo je na suncu, i odjednom nas je uz jeziv štropot obavio oblak belog dima od kojeg nam je pripala muka. Na trenutak smo bili zgranuti od čuda: činilo nam se da smo u tom trenutku otkrili nov kontinent, ili se nekom čarolijom pretvorili u gospodare zemlje.

Odjednom je neko povikao:

– Beži! Murija!

Nismo imali dovoljno vrmena da se časno povučemo. Dva stražara su trčala prema nama koliko ih noge nose, mi smo malo oklevali... a zatim smo se odjednom razbežali u velikim skokovima, ostavivši „lumbardu" neprijatelju.

Enrike je na kraju rekao:

– Brate, ako su vam potrebni naučni podaci za vaše stvari, ja kod kuće imam zbirku časopisa koji se zove *Oko sveta* i mogu da vam je pozajmim.

Od toga dana, pa sve do noći velike opasnosti, naše prijateljstvo moglo se porediti s prijateljstvom Oresta i Pilada.

Kakav šarolik nov svet sam otkrio u kući porodice Irsubeta!

Sjajni ljudi! Tri momka i dve devojke, i kuća koju je vodila majka, proseda gospođa s ribljim okicama i dugačkim ljubopitljivim nosem, i pogrbljena, gluva baba, mrka poput drveta izgorelog u vatri.

Izuzev jednoga koji je bio odsutan, policijskog oficira, u tom skrovitom ćumezu svi su su se predavali slatkom lenčarenju, u dokolici koja je išla od Diminih romana do okrepljujućeg spavanja sjeste i ugodnog večernjeg ogovaranja.

Brige su dolazile oko prvog u mesecu. Tada je trebalo odvratiti poverioce, zamazati oči „usranim Špancima", smiriti srčanost plebsa koji je bez ikakvog takta urlao pred kapijom tražeći da mu se plati roba, naivno data na veresiju.

Vlasnik ćumeza bio je debeli Alzašanin po imenu Grenuje. Kostobolni neurastenični sedamdesetogodišnjak se na kraju navikao na neurednost porodice Irsubeta, koja mu je stanarinu plaćala s mene pa na uštap. U ranija vremena uzaman se trudio da ih izbaci sa svog poseda, ali su Irsubetini za rođake imali nekog starovremskog sudiju i druge ljude istog soja iz konzervativne stranke, pa su zato znali da ih niko ne može pomaći s mesta.

Alzašanin se na kraju pomirio sa sudbinom i rešio da sačeka dolazak novog režima, a raskošna bestidnost onih lenčuga išla je u takvu krajnost da su slali Enrikea da od gazde traži besplatne ulaznice za kazino, gde je sin toga čoveka radio kao vratar.

Ah! I kakvi su se samo sočni komentari, kakve hrišćanske misli mogle čuti od prija okupljenih u lokalnoj kasapnici dok su sažaljivo naklapale o životu svojih suseda.

Majka neke vrlo ružne devojčice govorila je o jednom od mladih Irsubetinih koji je u nastupu pohote devojci pokazao svoja pudenda:

– Čujte, gospođo, neka pazi da ga se ja ne dočepam, pošto će se provesti gore nego da ga je voz pregazio.

Ipolitova majka, debela žena vrlo bledog lica, stalno trudna, rekla je, uhvativši kasapina pod ruku:

– Savetujem vam, don Segundo, da im ni slučajno ne dajete na veresiju. Nas su ojadili, bolje da vam ne pričam.

– Ne brinite, ne brinite – strogo je brundao čovek snažnih udova, mašući ogromnim kasapskim nožem oko komada džigerice.

Ah, ti Irsubetini su bili vrlo duhoviti. Ko ne veruje, neka pita onog pekara koji se drznuo da se naljuti što njegovi dužnici toliko odugovlače.

Taj se na vratima svađao s jednom od devojaka, kada ga na njegovu nesreću ču policijski inspektor, koji se slučajno zatekao kod kuće.

Ovaj, naviknut da svako pitanje rešava udarcima nogom, ljut zbog drskosti koju je predstavljala činjenica da je pekar hteo da naplati ono što mu duguju, udarcima pesnice izbacio ga je na vrata. To je ostalo zdrav nauk za dalje vladanje, i mnogi su radije odustajali od naplate. Ukratko, život koji je ta porodica vodila bio je veseliji od pozorišne lakrdije.

Devojke, već prevalile dvadeset i šestu, a bez verenika, uživale su u Šatobrijanu, čeznule sa Lamartinom i Šerbujeom. To ih je navelo da umisle kako pripadaju intelektualnoj „eliti", pa su zato o siromašnom svetu govorile kao o šljamu.

Šljam je za njih bio bakalin koji je hteo da naplati svoj pasulj, šljam dućandžika kojoj su iskamčile nekoliko metara čipke, šljam kasapin koji bi rikao od besa kad bi mu iza vrata, kroza zube, doviknuli kako će mu „idućeg meseca svakako platiti".

Trojica braće, kosmati i mršavi, na glasu kao lenčuge, preko dana bi se neumorno sunčali, a u predvečerje oblačili odela da iskamče koji poljubac od uličarki iz predgrađa.

Dve pobožne nadžak-babe svaki čas bi grdile zbog sitnica, ili bi s ćerkama sedele u oronulom salonu, virile iza zavesa i smišljale spletke; a pošto su bile potomci oficira koji se borio u vojsci Napoleona I, često sam imao prilike da ih u pomrčini, koja je idealizovala njihova beskrvna lica, slušam kako sanjare o imperijalističkim mitovima, prisećajući se davnašnjeg sjaja plemstva, dok bi na pustom pločniku fenjerdžija s motkom okrunjenom ljubičastim plamenom palio zelene gasne fenjere.

Pošto nisu imale sredstava da izdržavaju služavku, i pošto nijedna služavka ne bi mogla podneti satirsku pohotu ona tri kosmata mangupa i zlovolju sitničavih devojaka i hirove zubatih veštica, Enrike je bio potrčko neophodan za uspešno funkcionisanje one šepave ekonomske mašinerije, i toliko se bio navikao da traži robu na veresiju da je njegova bestidnost u tom smislu bila nečuvena i jedinstvena. U njegovu pohvalu može se reći da bi pre komad bronze pocrveneo od stida nego njegovo uzano lice.

Duge slobodne sate Irsubeta je provodio crtajući, što je veština za koju mu nije nedostajalo mašte i istančanosti, i svakako dobar argument u potvrdu tome da je oduvek bilo ništarija obdarenih estetičkim umećima. Pošto nisam imao druga posla, često sam boravio u njegovoj kući, što se nimalo nije dopadalo časnim staricama, na šta ja nisam davao ni pišljivog boba.

Iz tog druženja sa Enrikeom i dugih razgovora o razbojnicima i razbojništvima u nama se izrodila jedinstvena sklonost ka manguplucima i beskonačna želja za sticanjem besmrtnog imena zločinaca.

Enrike mi je, povodom izbacivanja nekih „apaša" što su se iz Francuske doselili u Buenos Ajres, o čemu je izveštavao Soisa Rejli, proprativši svoj članak rečitim fotografijama, rekao:

– Predsednik republike ima četiri „àpaša" kao telohranitelje.

Nasmejao sam se.

– Ne pričaj gluposti.

– Naravno, kad ti kažem, ovoliki su – i raširio je ruke kao da je raspet ne bi li mi predstavio kapacitet pluća zloglasnih nevaljalaca.

Ne sećam se uz pomoć kakvih tananih razloga i besmislica smo uspeli da ubedimo sebe da je krađa hvale vredna i lepa delatnost; ali svakako znam da smo se dogovorili da napravimo klub lopova, čiji smo u tom trenutku nas dvojica bili jedini članovi.

Videćemo to kasnije... A kako bismo se valjano pripremili, odlučili smo da karijeru počnemo pljačkom pustih kuća. Bilo je to ovako:

Posle ručka, u vreme kada su ulice puste, diskretno odeveni izlazili bismo da šetamo ulicama Flores ili Kabaljito.

Oruđe za rad bili su nam:

18

Mali francuski ključ, šrafciger i novine, da u njih umotamo ono što ukrademo.

Odlazili smo da se raspitujemo gde god bismo videli da stoji oglas da se kuća izdaje; pristojno se ponašali i žalosno krivili lica.

Bili smo poput nekih Kakovih crkvenjaka.

Čim bi nam dali ključeve mi bismo, sve u nameri da saznamo u kakvom su stanju najamne kućerine, brzo izišli.

I dan-danas se sećam kakvu bih radost osetio kada bismo otvorili vrata. Ulazili smo na silu; gladni plena prolazili smo kroz sobe, brzim pogledima procenjujući kvalitet svega što bi se moglo ukrasti.

Ako je bilo instalacija za električnu struju, kidali bismo kablove, sijalična grla i zvonca, lampe i prekidače, lustere, abažure i baterije; iz kupatila, zato što su niklovane, slavine, kao i one sa sudopere, zato što su od bronze, a vrata i prozore nismo odnosili da se ne bismo pretvorili u amale.

Radili smo zato što nas je na to podsticala nekakva bolna radost, neki čvor koji nam je muka stegla u grlu, s hitrinom mađioničara na daskama, smejući se bez razloga, drhteći zbog sitnica.

Kablovi su u dronjcima visili s tavanica koje bi se razvalile od naglog cimanja; komadi gipsa i maltera uprljali bi prašnjave podove; u kuhinji bi se iz olovnih cevi cedili beskonačni mlazevi vode: umeli smo da kuću za svega nekoliko trenutaka pripremimo za skupo renoviranje.

Posle bismo Irsubeta ili ja predali ključeve i udaljili se brzim koracima.

Mesto ponovnog susreta uvek je bio magacin nekog vodoinstalatera, slike i prilike budaletine sa licem kao mesec, na koga su se godine nataložile, slanina mu se nagomilala na stomaku, i rogovi mu porasli, pošto je bilo poznato da je neverstva svoje supruge podnosio strpljivo kao franjevac.

Kada bi mu čovek posredno stavio do znanja kako stoje stvari, on bi krotko kao uskršnje jagnje odgovarao kako njegova supruga pati od živaca, i pred tako čvrsto utemeljenim naučnim dokazima čovek je mogao samo da ućuti.

Međutim, kada bi neko njegovu korist doveo u pitanje, bio je to pravi soko.

Dustabanlija bi brižljivo pregledao naš ulov, merio kablove, isprobavao lampe kako bi proverio da žice nisu pregorele, njuškao česme i sa strpljenjem koje bi čoveka bacalo u očajanje računao i preračunavao se, sve dok nam na kraju ne bi ponudio desetinu prodajne vrednosti ukradenih stvari.

Ako bismo se raspravljali ili ljutili, dobričina bi podigao svoje volujske oči, okruglo lice bi mu se razvuklo u šeretski osmeh, i ne dozvolivši nam da odgovorimo, veselo nas tapšući po leđima, izveo bi nas na ulazna vrata, s najvećom ljubaznošću na svetu i novcem u ruci.

Ali, nemojte misliti da smo svoje podvige ograničavali samo na nenastanjene kuće. Ko bi se s nama mogao meriti po veštini kandži!

Neprestano smo motrili na tuđe stvari. Ruke su nam bile čudesno brze, oko hitro poput oka grabljivice. Bez žurbe, ali brzinom kojom se soko ustremi na bezazlenog goluba, stuštili bismo se na ono što nam ne pripada.

Ako bismo ušli u kafanu, gde na stolu stoji zaboravljen pribor i posuda za šećer, a konobar ne obraća pažnju, ukrali bismo i jedno i drugo; ili bismo na kuhinjskom šiberu ili u bilo kojem drugom budžaku našli nešto što bi nam se učinilo nužno za opšte blagostanje.

Ne bismo oprostili ni tanjirić ni tanjir, ni noževe ni bilijarske kugle, i vrlo se jasno sećam da je jedne kišne noći u nekoj kafani punoj sveta Enrike mirno odneo nečiju kabanicu, a ja sam neke druge noći maznuo štap sa zlatnom drškom.

Oči su nam igrale kao na zejtinu i širile se kao u buljine dok bismo tražili šta bi nam moglo biti od koristi, i čim bismo ugledali ono što želimo, eto nas nasmejanih, bezbrižnih i slatkorečivih, spremnih prstiju i oštrog oka, da nam se slučajno ne desi greška, kao kakvim sitnim lopovima.

I u radnjama smo se bavili tom čistom veštinom, i trebalo je stati pa gledati kako smo umeli da sludimo momke što rade za tezgom dok gazda drema sjestu.

Pod ovim ili onim izgovorom, Enrike bi odveo momka do izloga prema ulici, tobož da ga pita za cenu nekog artikla, i ako u radnji ne bi bilo ljudi, ja bih brzo otvorio vitrinu i napunio džepove kutijama sa olovkama, umetnički izrađenim mastionicama, a jednom smo čak uspeli da izvučemo i novac iz kase bez alarmnog zvona, a drugi put smo iz prodavnice oružja odneli paket od tuce pozlaćenih čeličnih peroreza sa sedefnom drškom.

Kada tokom dana ne bismo uspeli ničega da se dokopamo, snuždili bismo se, jadikujući nad sopstvenom nesposobnošću, izgubivši veru u budućnost. Onda bismo mrzovoljno tumarali dok nam se ne bi ukazala prilika da se pokažemo. Ali, kada bi posao dobro išao i kada bi se sitnina pretvarala u slatke pezose, sačekali bismo neko kišno popodne i pošli u šetnju automobilom. Kako je slatko bilo pod olujnim nebom prolaziti ulicama grada! Razbaškarili bismo se na mekim jastucima, upalili po cigaretu, ostavljajući za sobom ljude koji su žurili po kiši, i zamišljali da živimo u Parizu, ili u maglovitom Londonu. Sanjarili smo ćutke, sa snishodljivim osmehom na usnama.

Zatim bismo u nekoj raskošnoj poslastičarnici popili toplu čokoladu s vanilom i, već siti, vratili se večernjim vozom, dvostruko jači zato što smo pohotnom telu pružili uživanje, zato što je sve oko nas toliko živo i što nam s metalnim treskom urla u uši:

– Napred, napred!

Jednoga dana rekao sam Enrikeu:

– Moramo da napravimo pravo udruženje pametnih momaka.

– Nevolja je u tome što je izbor mali – odvratio je Enrike.

– Jeste, u pravu si; ali ipak će se neki naći.

Nekoliko nedelja pošto smo o tome razgovarali, zahvaljujući Enrikeovom trudu, pridružio nam se izvesni Lusio, mamlaz sitnog tela, puti olovne od silnog masturbiranja, i sve to udruženo s tako bestidnim licem da bi čovek morao da se nasmeje kada ga pogleda.

Živeo je pod starateljstvom nekih starih pobožnih tetaka koje su se o njemu brinule slabo, ili nikako. Tom bizgovu omiljena i urođena zabava bila je da govori najprostačkije stvari preduzimajući mere predostrožnosti kao da je reč o jezivim tajnama. Radio je to gledajući nas ispod oka i mašući rukama poput glumaca iz kinematografa što glume propalice iz četvrti ograđenih sivim zidovima.

– Slaba vajda od ove budaletine – rekao sam Enrikeu; ali, pošto unosi oduševljenje pridošlice u naše mlado bratstvo, njegovo oduševljenje i spremnost, poduprti rokambolovskim držanjem, ulili su nam nadu.

Kako je red, nismo mogli ostati bez mesta na kojem ćemo se okupljati i koje smo, na Lusijev predlog, koji je bio jednoglasno prihvaćen, nazvali Klub Vitezova Ponoći.

Taj klub nalazio se iza Enrikeove kuće, preko puta klozeta pocrnelih zidova i oljuštenih slojeva kreča, i sastojao se od tesne prostorije od prašnjavog drveta sa čije je daščane tavanice visila ogromna paučina. Razbacane po ćoškovima nalazile su se gomile obogaljenih i oljuštenih marioneta koje su ostale kao nasleđe iza nekog propalog lutkara, prijatelja porodice Irsubeta, razne kutije sa grozno osakaćenim olovnim vojnicima, smrdljive gomile prljavog rublja i sanduci prepuni starih časopisa i novina.

Vrata tog brloga vodila su u mračno dvorište od ispucale opeke iz koje se za kišnih dana cedilo blato.

– Nema nikoga, brale?

Enrike je zatvorio rasklimatana vratanca kroz čije su se razbijene prozore videle ogromne gromade kalajisanih oblaka.

– Unutra su, razgovaraju.

Smestili smo se najudobnije što smo mogli. Lusio nas je ponudio egipatskim cigaretama, što je za nas bila izvanredna novina, i šeretski kresnuo šibicu o đon na cipeli. Zatim je rekao:

– Da pročitamo „Zapisnik sa sednice".

Kako pomenutom klubu ništa ne bi nedostajalo, vođeni su i „zapisnici sa sednica" u kojima su beleženi planovi članova društva, a imali smo i pečat pravougaonog oblika koji je Enrike napravio od pampura, gde se mogao videti uzbudljiv prizor srca u koje su zabijena tri bodeža.

Pomenuti zapisnik vodili smo naizmenično, svaki zapis smo na kraju potpisivali, i na svaki unos posebno stavljali pečat.

Tu se moglo pročitati nešto poput sledećeg:

Lusijev predlog. Da bismo ubuduće mogli provaljivati bez kalauza, treba da napravimo voštane kalupe ključeva svih kuća koje budemo posećivali.

Enrikeov predlog. Takođe će se praviti planovi kuća čiji se otisak ključeva uzme. Ti planovi biće arhivirani zajedno s tajnim dokumentima bratstva i u njima će morati da budu navedeni svi podaci o zgradi kako bi onome ko bude obavljao posao bilo lakše.

Zajednički predlog bratstva. Kao zvanični crtač i krivotvor kluba imenuje se član Enrike.

Silvijev predlog. Da bi se nitroglicerin uneo u zatvor, uzeti jaje, izvaditi belance i žumance i pomoću šprica ubaciti eksploziv.

Ako kiseline iz nitroglicerina rastvaraju ljusku jajeta, od pamuka natopljenog barutom napraviti majicu. Niko neće posumnjati da je bezopasna majica eksplozivno punjenje.

Enrikeov predlog. Klub mora imati biblioteku naučnih dela da bi članovi bratstva mogli krasti i ubijati u skladu s najmodernijim postupcima poznatim u zanatu. Osim toga, posle tri meseca članstva u klubu, svaki član je obavezan da ima pištolj brauning, gumene rukavice i sto grama hlorofroma. Zvanični hemičar kluba biće član Silvio.

Lusijev predlog. Svi meci moraju biti zatrovani pruskom kiselinom čija će toksična moć biti proverena tako što će se jednim hicem odseći rep nekom psu. Pas mora uginuti u roku od deset minuta.

– Au, brate Silvio.

– Šta je? – rekao je Enrike.

– Nešto sam mislio, trebalo bi organizovati klubove širom zemlje.

– Ne, najvažnije je – prekinuo sam ga ja – to da se uvežbamo za posao koji nas čeka sutra. Ne možemo sad da se zamajavamo glupostima.

Lusio je primakao svežanj praljvog rublja koji mu je služio kao otoman.

Ja sam nastavio:

– Kad čovek uči pljačkaški zanat, stiče sledeću prednost: postaje hladnokrvan, a to mu je u ovom poslu najpotrebnije. Osim toga, uvežbavanje u opasnostima doprinosi sticanju navike da budemo stalno na oprezu.

Enrike je rekao:

– Ostavimo se prazne priče i hajde da se pozabavimo jednim zanimljivim slučajem. Ovde, iza kasapnice (zid kuće Irsubetinih bio je pregradni zid upravo prema tom mestu) ima neki Gringo koji svake noći tu ostavlja auto i spava u nekom sobičku koji je unajmio u kućerini u Ulici Samudio. Šta misliš, Silvio, da mu dignemo akumulator i sirenu?

– Znaš u čemu je nevolja?

– Nema nikakve nevolje, burazeru. Preskočićemo zid. Kasapin spava kao klada. Doduše, morali bismo da stavimo rukavice.

– A pas?

– Pa zašto ja poznajem tog psa?

– Čini mi se da će se dići larma.

– Šta misliš, Silvio?

– Ali, pazi, izvući ćemo više od sto komada za generator.

– Lep posao, ali pipav.

– Da li bi ti hteo, Lusio?

– Nego šta... i naravno.. obući ću stare pantalone, da ne pocepam odelce...

A ti, Silvio?

– Krećem čim stara zaspi.

– I u koliko sati se nalazimo?

– Pazi, brate Enrike, ne sviđa mi se taj posao.

– Zašto?

– Ne sviđa mi se. Posumnjaće na nas. Iza kuće... Pas ne laje... može da se desi da ostavimo tragove... ne sviđa mi se. Znaš da ja nikad nisam s raskida, ali

mi se ne sviđa. Previše je blizu, a murija ume da na-
njuši.

– Onda nećemo da ga radimo.

Smejali smo se kao da smo upravo umakli ne-
kakvoj opasnosti.

Tako smo živeli dane nesravnjivog uzbuđenja,
uživajući u novcu od krađe, novcu koji je za nas
imao naročitu vrednost i čak nam se činilo da nam
govori posebno izražajnim jezikom.

Novčanice su delovale izražajnije sa svojim šare-
nim slikama, niklenjaci su veselo zveckali u u ruka-
ma koje su s njima igrale opsenarske igre. Da, novac
stečen prevarom izgledao nam je mnogo vredniji i
prefinjeniji, ostavljao na nas dubok utisak u krajnje
dragocenoj predstavi, kao da nam je uz osmeh šapu-
tao na uho neku pohvalu i podsticao nas na nesta-
šluke. Nije to bio prljav i gadan novac koji čovek
prezire zato što ga treba zaraditi mukotrpnim ra-
dom, nego sasvim lagan novac, srebrna kugla s dve
patuljaste nožice i bradom kao u patuljka, neki be-
stidan, razigran novac čiji je miris poput raskošnog
vina donosio božanstvena slavlja.

U našim zenicama nije bilo nemira, usudio bih se
da kažem da nam je oko čela bio oreol gordosti i od-
važnosti. Gordosti zbog ubeđenja da bismo, kada bi
se naši postupci pročuli, bili izvedeni pred istražnog
sudiju.

Sedeći na svojim prestolima za kafanskim stoči-
ćem, ponekad bismo razgovarali:

– Šta bi ti uradio pred istražnim sudijom?

– Ja bih mu – odgovarao je Enrike – govorio o Darvinu i o Le Danteku (Enrike je bio ateista).

– A ti, Silvio?

– Stalno bih poricao, pa nek me seku gde sam najtanji.

– A pendrek?

Prestravljeno smo se zgledali. Užasavali smo se od pendreka, te batine koja ne ostavlja vidljivog traga na mesu, te gumene palice kojom se kažnjava telo lopova u policijskoj stanici kada odugovlači sa priznavanjem zločina.

Sa slabo prikrivenim besom sam odgovorio:

– Mene vala neće uhvatiti na delu. Pre ću da ubijem.

Kada bismo izgovarali tu reč živci na licu su nam se opuštali, oči ostajale uprte u jednu tačku, u neku zamišljenu nesreću u dalekoj budućnosti, a nozdrve se širile udišući miris baruta i krvi.

– Zato treba trovati metke – odvratio je Lusio.

– I praviti bombe – nastavio sam ja. – Nema mesta za sažaljenje. Treba ih razneti, zastrašiti muriju. Kad se najmanje nadaju, metak... Sudijama, bombe da se šalju poštom...

Tako smo razgovarali za kafanskim stolom, mračno uživajući u svojoj nedodirljivosti naočigled celog sveta, tog sveta koji nije znao da smo lopovi, i srca su nam se stezala od slatkog straha kad bismo pomislili kakvim bi nas očima gledale mlade devojke što su prolazile kraj nas kada bi samo znale da smo mi, onako doterani i mladi, lopovi... Lopovi!...

Ubrzo potom sam se sa Enrikeom i Lusijem u ponoć sastao u kafani da dogovorimo pojedinosti pljačke koju smo nameravali da izvedemo.

Izabravši najusamljeniji kutak, seli smo za sto kraj velikog prozora prema ulici.

Sitna kišica rominjala je po staklu dok je orkestar parao srca poslednjim kricima nekog zatvorskog tanga.

– Lusio, jesi li siguran da vratara nema?

– Savršeno siguran. Sad su odmori i razišli su se kud koji, mili moji.

Nameravali smo da opljačkamo ništa manje nego školsku biblioteku.

Enrike je zamišljeno naslonio obraz na ruku. Obod na kapi skrivao mu je oči.

Ja sam bio uznemiren.

Lusio se zadovoljno osvrtao unaokolo, poput čoveka kome je život med i mleko. Ne bi li li me ubedio da nema nikakve opasnosti, nabrao je veđe i po deseti put mi poverljivo saopštio:

– Znam put. Što se brineš? Samo treba da se preskoči ograda prema ulici, i u dvorištu smo. Vratari spavaju u posebnoj prostoriji na trećem spratu. Biblioteka je na drugom, i to na suprotnoj strani.

– Stvar je prosta, to je jasno kao dan – rekao je Enrike – napravićemo dobar posao ako uspemo da odnesemo Enciklopedijski rečnik.

– A u čemu ćemo da ponesemo dvadeset i osam tomova? Ti si lud... osim ako ne naručiš špediterska kola.

Prošlo je nekoliko kočija s podignutim krovovima i jaka svetlost električnih sijalica je, padajući na drveće, na kolovoz bacala duge drhtave mrlje. Konobar nam je poslužio kafu. Stolovi unaokolo i dalje su bili prazni, muzičari su ćaskali u svom separeu, a iz salona s bilijarom dopirala je lupa takova u znak oduševljenja zbog nekog vrlo zamršenog karambola.

– Da odigramo partiju tablića?

– Batali tabliće, čoveče.

– Izgleda, pada kiša.

– Utoliko bolje – rekao je Enrike. U ovakvim noćima uživali su Monparnas i Tenardije. Tenardije je govorio: „Više je uradio Žan Žak Ruso.“ Velik je lisac bio taj Tenardije, a i žargon je veličanstven.

– Još pada kiša?

Bacio sam pogled na mali trg.

Kiša je padala ukoso, i između dva niza drveća vetar ju je nanosio u talasastim sivim zavesama.

Posmatrajući zelenilo granja i krošnji osvetljenih sjajem srebra električnih sijalica imao sam osećaj, viziju parkova koje u letnjoj noći potresa buka narodskog slavlja i crvenih raketli što se rasprskavaju u plavo. To nesvesno prisećanje me je rastužilo.

Jasno se sećam te poslednje noći nemira.

Muzičari su bolno svirali neku pesmu za koju je na tabli pisalo da se zove „Kiss-me“...

U onoj prostačkoj sredini melodija se zatalasala u tragičnom i dalekom ritmu. Rekao bi čovek da sluša glasove hora siromašnih iseljenika u potpalublju prekookeanskog broda dok sunce uranja u tešku zelenu vodu.

Sećam se kako mi je pažnju privukao profil violiniste sokratovske glave i blistave ćele. Na nos je nataknao naočari sa zamagljenim staklima, i po napregnutom istezanju vrata iza stalka videlo se koliko se te zaklonjene oči naprežu.

Lusio me je upitao:

– Jesi li još s Eleonorom?

– Ne, raskinuli smo. Neće više da mi bude devojka.

– Zašto?

– Eto, tako.

Ta slika me je u spoju s jecanjem violina duboko potresla. Bio je to zov onog drugog glasa u meni, molba da pogledam njeno vedro i slatko lice. Oh, koliko me je samo zanosio bol zbog njenog sada dalekog osmeha, i onako kraj stola, dok sam uživao u gorčini milijoj od sladostrašća, u mislima sam joj se obratio na sledeći način:

– Ah, kada bih samo mogao da ti kažem koliko te volim, ovako muzikom pesme *'Kiss-me'*... da te uverim ovim plačem... tada možda... ali i ona je mene volela... zar me nisi volela, Eleonora?"

– Kiša je prestala... Hajdemo napolje.

– Hajdemo.

Enrike je bacio nekoliko novčića na sto. Upitao me je:

– Imaš li revolver?

– Imam.

– Neće zatajiti?

– Pre neki dan sam ga proverio. Metak je probio dve zidarske daske.

Irsubeta je dodao:

– Ako nam ovo dobro prođe, kupiću brauning; ali, za svaki slučaj sam poneo čelični bodež.

– Istupljen?

– Ne, svaki mu je zubac da se smrzneš od straha.

Neki policajac prelazio je preko travnjaka na trgu idući prema nama.

Lusio je viknuo na sav glas, dovoljno jako da bi ga policajčina čula:

– Ma, profesor geografije me je uzeo na zub, bratac, uzeo me na zub!

Kada smo ukoso prešli preko trga, našli smo se pred ogradom škole, i tu smo primetili da ponovo počinje da pada kiša.

Okolo zgrade koja se dizala na uglu ulice stajali su redovi platana ogromnih krošnji, ispod kojih je u tom trouglu vladao mrkli mrak. Kiša je dobovala po lišću stvarajući muziku.

Velika ograda kezila je oštre zube spajajući dva dela zgrade, visoke i mračne.

Koračajući polako, pažljvo smo osmatrali iz senke; zatim sam se ja bez reči uzverao uza šipke, zavukao nogu u alku koja je povezivala dva šiljka i u jednom skoku se prebacio u dvorište, ostavši nekoliko sekundi u položaju u kojem sam pao, to jest, čučeći, zureći nepomično, jagodicama prstiju opipavajući vlažne ploče na zemlji.

– Nema nikoga, burazeru – prošaptao je Enrike, koji je upravo stigao za mnom.

– Izgleda da nema, ali, šta radi Lusio, što ne preskače?

⌐S pločnika na ulici čuli smo pravilan odjek potkovica, pa se onda čuo još jedan konj kako prolazi i, u pomrčini, buka je počela da se stišava.

Lusijeva glava provirila je između gvozdenih kopalja. Upro je nogom u prečku i prebacio se tako vešto da je mozaik jedva krcnuo pod njegovim đonovima.

– Šta je bilo, burazeru?

– Neki inspektor i jedan stražar. Napravio sam se kao da čekam tramvaj.

– Da navučemo rukavice, burazeru.

– Naravno, od uzbuđenja sam zaboravio.

– A sad, kojim putem? Ovde je mračno kao u...

– Ovuda...

Lusio nam je bio vodič, ja sam izvukao revolver, i sva trojica smo krenuli ka pokrivenom dvorištu preko terase na drugom spratu.

U pomrčini se neodređeno nazirao niz stubova.

Odjednom je u mene prodrla svest o takvoj nadmoći nad bližnjima da sam, bratski stegavši Enrika za ruku, rekao:

– Idemo previše sporo – i neoprezno odustao od odmerenog koraka, zbog čega su potpetice na čizmama počele da mi odjekuju.

Oko zgrade, jeka je umnožavala korake.

Ubeđenost da smo potpuno nedodirljivi zarazila je moje drugove optimizmom i smelošću, te smo počeli da se smejemo grohotom, tako da je iz mračne ulice na nas tri puta zalajao neki pas lutalica.

Radosni što smo ponizili opasnost išamaravši je svojom hrabrošću, poželeli smo da sve to jasno pojačamo bahato i bučno, uz daire, da razbudimo ljude, kako bismo pokazali kakva radost nam nadima duše kad prekršimo zakon i s osmehom zakoračimo u greh.

Lusio, koji je išao na čelu, okrenuo se:

– Predlažem da kroz nekoliko dana napadnemo Narodnu banku.

– Ti ćeš, Silvio, da otvaraš sefove uz pomoć tvog sistema voltinog luka.

– I Bono bi iz pakla trebalo da nam aplaudira – rekao je Enrike.

– Živeli apaši Lakomb i Vale – uzviknuo sam ja.

– Eureka – povikao je Lusio.

– Šta ti je?

Momak odgovori:

– Gotovo je... Lusio, zar ti nisam rekao? Ama, treba spomenik da ti podignu... gotova stvar, znate šta je to?

Okupili smo se oko njega.

– Jeste li videli? Jesi li video, Enrike, u zlatarskoj radnji tamo pored bioskopa Elektra?... Ozbiljno, bre; nemoj da se smeješ. Klozet u bioskopu nema krov... sećam se savršeno dobro; otud bismo mogli da se popnemo na krov zlatarske radnje. Kupimo ulaznice za večernju predstavu i pre nego što se film završi jedan od nas se iskrade. Kroz ključaonicu uz pomoć gumene pumpice ubrizgamo hloroform.

– Naravski; znaš, Lusio, to bi bilo bila veličanstveno... ko bi posumnjao u dečake. Treba proučiti taj plan.

Pripalio sam cigaretu i pri svetlosti šibice ugledao mermerne stepenice.

Pojurili smo naviše.

Kad smo izbili u hodnik, Lusio je električnom lampom osvetlio mesto, tesan paralelogram koji se s jedne strane produžavao u mračan hodnik. Prikucana na drveni dovratak, stajala je emajlirana pločica na kojoj je pisalo: Biblioteka.

Prišli smo da pregledamo vrata. Bila su stara i njihova visoka krila obojena u zeleno ostavljala su ceo palac prostora između štoka i patosa.

Šarke su se uz pomoć poluge mogle izbiti iz ležišta.

– Hajdemo prvo na terasu – rekao je Enrike. – Zabati su puni električnih sijalica.

U hodniku smo naišli na vrata koja vode na terasu na drugom spratu. Izišli smo. Voda je šljapkala po pločama u dvorištu, a pored visokog zida premazanog katranom živ odsjaj munje osvetlio je daščaru na kojoj su vrata bila pritvorena.

Na trenutke bi iznenadan sjaj munje osvetlio ljubičasto nebo u daljini na kojem su se ocrtavali zvonici i krovovi. Visoki zid premazan karanom svojim zatvorskim izgledom zlokobno je presecao čaršave horizonta.

Ušli smo u daščaru. Lusio je ponovo upalio lampu.

Po uglovima sobička nalazile su se gomile džakova s piljevinom, krpama za brisanje, novim četkama i metlama. Središte je zauzimala ogromna korpa od pruća.

– Šta li je unutra? – Lusio je podigao poklopac.

– Bombe.

– Da vidim?

Požudno smo se nadneli nad svetao krug koji je bacala svetiljka. Među piljevinom su blistale staklene kugle električnih sijalica.

– Da nisu pregorele?

– Nisu, onda bi ih bacili – ali, kako bismo se uverili, brzo sam pregledao geometriju žičica. Bila je netaknuta.

Ćutke smo pohlepno krali, puneći džepove, i pošto nam se učinilo da to nije dovoljno, uzeli smo platnenu vreću koju smo takođe napunili sijalicama. Lusio je prostor između njih napunio piljevinom, da ne bi zveckale.

Irsubetine pantalone su na stomaku dobile ogromno ispupčenje. Tolike sijalice je tamo sakrio.

– Pogledaj Enrikea, trudan je.

Šala nas je naterala da se nasmejemo.

Oprezno smo krenuli nazad. Staklene kruške odjekivale su poput zvončića u daljini.

Kad smo zastali pred bibliotekom, Enrike nas je pozvao:

– Bolje da uđemo po knjige.

– A čime ćemo da otvorimo vrata?

– Video sam neku gvozdenu šipku tamo u sobici.

– Znaš šta ćemo? Sijalice ćemo da spakujemo, i pošto je Lusijeva kuća najbliža, on može da ih odnese.

Lupež je promrmljao:

– Sranje! Sam ne izlazim... neću da završim u apsu.

Grešnog li lupeža! Dugme na okovratniku mu se otkinulo i zelena kravata se napola držala za košulju pocepanog plastrona. Dodajte tome kapu sa štitnikom spuštenim preko potiljka, prljavo bledo lice, manžete raskopčane i navučene preko rukavica, i imaćete bestidnu sliku veselog masturbatora nakalemljenu na nesuđenog pljačkaša stanova.

Enrike, koji je upravo bio naslagao sijalice, otišao je po gvozdenu šipku.

Lusio je gunđao:

– Kakav je prepredenjak taj Enrike, šta kažeš? Hteo je mene da pošalje kao mamac.

– Ne pričaj gluposti. Odavde do tvoje kuće ima samo tri ćoška. Za pet minuta bi mogao da odeš i da se vratiš.

– Ne sviđa mi se to.

– Znam da ti se ne sviđa... nije nikakva novost da stalno nešto zapomažeš.

– A ako me presretne neki žandar?

– Kidavela. Čemu ti služe noge?

Stresajući se kao pudlica, ušao je Enrike.

– I sad?

– Daj, videćeš.

Umotao sam kraj poluge u maramu zavukao ga u procep, ali sam primetio da bi, umesto da pritiskam ka podu, trebalo da pritisnem u suprotnom smeru.

Vrata su zaškripala i ja sam zastao.

– Pritisni malo jače – zašištao je Enrike.

Pritisak se pojačao, i zastrašujuća škripa se pojačala.

– Pusti mene.

Enrike je tako žustro gurnuo da je prvobitna škripa prasnula u prigušen štropot.

Enrike je zastao i svi smo ostali nepomični... zapanjeni.

– Kakva svinjarija! – bunio se Lusio.

Mogli smo da čujemo svoje ubrzano disanje. Lusio je nehotice ugasio svetiljku i to nas je, zajedno sa onim prvim strahom, zaustavilo u položaju iz kojeg smo ostali da vrebamo, ne usuđujući se da napravimo bilo kakav pokret, ispruženih ruku koje su nam se tresle.

Oči su nam svrdlale kroz pomrčinu; kao da su osluškivale, prikupljale beznačajne i udaljene zvuke. Od silne preosetljivosti kao da nam se pojačao sluh, i tako smo ostali poput kipova, otvorenih usta, u iščekivanju.

– Šta ćemo? – prošaptao je Lusio.

Strah se raspršio.

Ne znam kakvo nadahnuće me je nateralo da Lusiju kažem:

– Uzmi revolver pa idi da paziš na ulaz sa stepeništa, ali dole. Mi ćemo da radimo.

– A ko će da umotava sijalice?

– Sad te sijalice zanimaju?... Hajde, ne brini.

I vesela šeptrlja iščezla je, bacivši prethodno revolver u vazduh i uhvativši ga u letu pokretom razbojnika sa filma.

Enrike je oprezno otvorio vrata biblioteke.

Atmosfera se ispunila mirisom stare hartije i pod svetlošću lampi videli smo kako pauk beži preko uvoštenog patosa.

Visoke police premazane crvenim lakom dodirivale su tavanicu, a kupasti snop svetlosti kretao se po mraku knjižnice osvetljavajući police prepune knjiga.

Veličanstveni zastakljeni ormari davali su njihovom mračnom izgledu nekakvu strogost, a iza stakala se presijavao divot-povez sa hrbatima od kože i naslovima u zlatotisku.

Irsubeta je prišao staklima.

Na njega je iskosa padala odražena svetlost i njegov profil ispijenih obraza bio je poput bareljefa, nepomičnog pogleda i crne kose koja je skladno uokviravala lobanju da bi se na kraju izgubila u udubljenju na vratu.

Ponovo pogledavši u mene, uz osmeh je rekao:

– Da znaš da ima dobrih knjiga.

– Jeste, i lako ih je prodati.

– Koliko li smo već ovde?

– Manje-više pola sata.

Seo sam na ćošak pisaćeg stola, nekoliko koraka od vrata, na sredini biblioteke, i Enrike je uradio isto. Bili smo umorni. Tišina sale u pomrčini upijala nam se u duh, koji se tako širio u velike prostore uspomena i nemira.

– Reci mi, zašto si raskinuo s Eleonorom?

– Šta ja znam. Sećaš se? Poklanjala mi je cveće.

– I?

– Posle mi je napisala nekoliko pisama. Čudno. Kad se dvoje vole, kao da jedno drugome pogađaju misli. Jednog nedeljnog popodneva izišla je da prošeta oko kuće. Ne znam zašto sam i ja uradio to isto, ali u suprotnom smeru, i kad smo se sreli, ona je i ne pogledavši me ispružila ruku i dala mi pismo. Imala je ružičastu haljinu, i sećam se da je mnoštvo ptica pevalo u krošnjama.

– Šta ti je pisala?

– Obične stvari. Da sačekam... Shvataš li? Da sačekam da odraste.

– Mudrica.

– I kakva ozbiljnost, brate Enrike! Kad bi samo znao. Ja sam stajao tamo, naslonjen na gvozdenu

rešetku na ogradi. Padao je mrak. Ona je ćutala...
na trenutke bi me tako pogledala... došlo bi mi da se
rasplačem... i nismo ništa govorili... Šta bismo jedno
drugom rekli?

– Takav je život – odvratio je Enrike. – Nego,
hajde da vidimo knjige. Šta li je s onim Lusijem?
Ponekad hoću da poludim od njega. Kakva lenčuga!

– Gde li su ključevi?

– Sigurno u fioci u stolu.

Pretresli smo pisaći sto i našli ih u nekoj pernici.
Brava je škljocnula i počeli smo da istražujemo.

Izvlačili smo tom po tom i prelistavali knjige, a
Enrike, koji je donekle bio upućen u cene, govorio
je: „Ne vredi ništa“, ili: „Vredi“.

– *Zlatne planine*.

– Knjiga je rasprodata. Svako će ti dati deset pe-
zosa.

– Lebonova *Evolucija materije*. Ima fotografije.

– Ostaviću je za sebe – rekao je Enrike.

– Ruket, *Organska i neorganska hemija*.

– Stavi je ovde sa ostalima.

– *Infinitezimalni račun*.

– To je viša matematika. Mora biti da je skupa.

– A ovo?

– Kako se zove?

– Šarl Bodler. Njegov život.

– Da vidim, daj.

– Izgleda da je bibliografija. Ne vredi ništa.

Nasumice bih otvorio neku knjigu.

– Stihovi.

– Šta piše?

Pročitao sam naglas:

Obožavam te poput noćnog svoda
o, čašo tuge, o, ti, bela, nema.

Eleonora – pomislio sam. – Eleonora.

I hajdemo u napad, hajdemo,
kao pred lešom, hor ciganski

– Brate znaš li ti da je ovo prelepo? Nosim to kući.
– Dobro, vidi, dok ja spakujem ove knjige, ti po-
slaži sijalice.
– A lampa?
– Primakni je ovamo.
Sledio sam Enrikeova uputstva. Radili smo ćut-
ke, i naše divovske senke pomerale su se preko ta-
vanice i poda one prostorije, ogromne u pomrčini
koja je zamračivala ćoškove.
Iako sam znao kakva je opasnost u pitanju, nika-
kav nemir nije remetio veštinu mojih pokreta.
Enrike je na pisaćem stolu slagao tomove knjiga
i prelistavao ih. Ja sam spretno pakovao sijalice, ka-
da smo u hodniku prepoznali Lusijeve korake.
Pojavio se izobličenog lica, krupne graške znoja
rosile su mu čelo.
– Evo, ide neki čovek... Samo što nije ušao... ga-
site.
Enrike ga je zapanjeno pogledao i mahinalno
ugasio svetiljku; ja sam preplašeno dohvatio gvoz-
denu šipku koju je ne sećam se ko ostavio kraj pisa-
ćeg stola. U pomrčini mi se čelo orosilo trnovim
vencom graški ledenog znoja.
Neznanac se penjao uza stepenice i koraci su mu
bili teturavi.

41

Odjednom je strah dostigao vrhunac i preobrazio me. Nisam više bio pustolovni dečak; živci su mi se napeli, telo mi je bilo namrgođen kip ispunjen zločinačkim nagonima, kip koji je stajao na udovima napetim kao struna, zgrčenim u iščekivanju opasnosti.

– Ko li je to? – uzdahnuo je Enrike.

Lusio ga je munuo, umesto bilo kakvog odgovora.

Sada se čuo bliže, njegovi koraci odjekivali su mi u ušima prenoseći strepnju iz napete bubne opne u otkucaje vene.

Stojeći, obema rukama držao sam polugu iznad glave, spreman na sve, rešen da zadam udarac... i dok sam osluškivao, moja čula su čudesnom brzinom razaznavala zvuke prateći ih do njihovog izvora, prema njihovoj strukturi određujući psihološko stanje onoga ko ih je proizvodio.

Nesvesno sam vrtoglavo analizirao:

– Primiče se... i ne sluti... da sluti, ne bi ovako hodao... vuče noge... kad bi mu nešto bilo sumnjivo petom bi udarao o pod... zauzeo bi određeno držanje... slušao bi šta mu govori sluh, koji bi tražio neki šum, i vid, koji bi tražio neko telo, išao bi na vrhovima prstiju... zna on to... miran je."

Odjednom, neki promukao glas zapevao je, tamo dole, sa pijanom setom:

Proklet bio dan kada te sretoh,
hej, lepoto, lepoto, hej, lepoto.

Sanjiva pesma naglo je prestala.

– Posumnjao je nešto... nije... ma, jeste... nije... da vidimo – i pomislio sam da će mi srce prepući, toliko snažno je izbacivalo krv u vene.

Kada je stigao do hodnika, neznanac je ponovo zabrundao:

Hej, lepoto, lepoto, hej, lepoto.

– Enrike – prošaptao sam – Enrike.

Nije bilo odgovora.

Uz kiseo zadah vina, vetar je doneo i zvuk podrigivanja.

– Neki pijanac – šapnuo mi je Enrike na uho. – Ako dođe ovamo, vezaćemo ga.

Uljez se udaljavao vukući noge, i na kraju je iščezao iz hodnika. Negde je je zastao, i čuli smo ga kako navaljuje na kvaku na vratima koja su se bučno zatvorila za njim.

– Lepo smo se izvukli!

– A ti, Lusio... što si se tako ućutao?

– Od radosti, brate, od radosti.

– A kako si ga video?

– Sedeo sam na stepeništu; e, tu da te vidim. Cap, odjednom čujem neki šum, provirim, vidim otvara se gvozdena kapija. Šta da ti pričam. Noge mi se odsekoše!

– A zamisli da je tip naleteo na nas.

– Ja bi' ga o'ladio rekao je Enrike.

– I šta ćemo sad?

– A šta bismo? Da idemo, vreme je.

Sišli smo na vrhovima prstiju, osmehujući se. Lusio je nosio zavežljaj sa sijalicama. Enrike i ja, dva teška zavežljaja knjiga. Ne znam zašto, u mraku na

stepeništu sam pomislio na sjaj sunca, i tiho se na-
smejao.

– Čemu se smeješ? – mrzovoljno me je upitao
Enrike.

– Ne znam.

– Nećemo naleteti ni na jednog žandara?

– Nećemo, odavde do kuće ih nema.

– Već si to rekao.

– Još po ovoj kiši!

– Dođavola!

– Šta je bilo, brate Enrike?

– Zaboravio sam da zaključam vrata na bibliote-
ci. Daj mi lampu.

Dao sam mu je, i Irsubeta se udaljio krupnim ko-
racima.

Dok smo ga čekali, sedeli smo na mermernom
stepeništu. Ja sam u mraku drhtao od hladnoće. Ki-
ša je pljuštala po pločama u dvorištu. Kapci su mi se
nehotice sklopili i u duh mi je kliznulo skamenjeno,
pokorno lice voljene devojke iz neke davne noći
kraj crne topole.

A unutrašnji glas neumoljivo je ponavljao:

– Voleo sam te, Eleonora! Oh, kada bi znala ko-
liko sam te voleo!

Kada je Enrike stigao, nosio je neke knjige pod
rukom.

– Šta je to?

– *Geografija* Maltea Bruna. Zadržaću je za sebe.

– Dobro si zaključao vrata?

– Jesam, najbolje što sam mogao.

– Dobro izgleda?

– Ništa se ne primećuje.

– Brate mili, a ona pijandura? Da li je uopšte zaključao kapiju prema ulici?

Enrike je pogodio. Kapija je bila otškirnuta, pa smo izišli.

Bujica vode je grgoljeći tekla pločnicima i kada se stišao njen bes, počela je da rominja sitna, gusta, dosadna kiša.

Uprkos teretu, noge su nam od opreza i straha postale lakše i brže.

– Lep posao.

– Jeste, lep.

– Šta misliš, Lusio, da ostavimo ovo kod tebe?

– Ne pričaj gluposti; već sutra ćemo sve da podelimo.

– Koliko smo sijalica uzeli?

– Trideset.

– Lep posao – ponovio je Lusio. – A knjiga?

– Računam, otprilike šezdeset pezosa – rekao je Enrike.

– Koliko je sati, Lusio?

– Mora biti oko tri.

Ne, nije bilo kasno, ali zbog umora, napetosti, mraka i tišine, drveća s kojeg se voda slivala na naša prehlađena leđa, noć nam je izgledala beskonačna, i Enrike je melanholično rekao:

– Da, veoma je kasno.

Drhteći od hladnoće i umora, ušli smo kod Lusija.

– Polako, ortaci, nemojte da probudite matorke.

– A gde ćemo ovo da stavimo?

– Sačekajte.

Vrata su se polako okrenula na šarkama. Lusio je ušao u sobu i pritisnuo dugme na prekidaču.

– Uđite, momci, da vam pokažem svoju sobicu.

Ormar sa odećom u uglu, beli drveni stočić, krevet.

Nad uzglavljem kreveta je svoje iskrivljene pobožne ruke širio Crni Hristos, a u ramu, u prebolnom stavu, u tavanicu je gledala slika prelepe glumice Lide Boreli.

Iscrpljeni smo se sručili na krevet.

Na licima otromboljenim od pospanosti i umora podočnjaci su nam postali još tamniji. Naše nepomične zenice ukočeno su gledale u bele zidove, sad bliže, sad dalje, kao u nekoj fantastičnoj optici koju je stvarala groznica.

Lusio je sakrio zavežljaje u ormar sa odećom i zamišljeno seo na ivicu stola, šakama obrglivši koleno.

– A *Geografija*?

Tišina je ponovo počela da pritiska naše pokisle duhove, olovnosiva lica, raširene pomodrele šake.

Ustao sam snuždeno, ne skidajući pogled sa belog zida.

– Daj mi revolver, idem.

– Idem i ja s tobom – rekao je Irsubeta uspravivši se u krevetu, i na ulici smo nestali u mraku, ne progovarajući ni reč, namrgođenih lica i povijenih ramena.

Upravo sam se bio skinuo kad su tri mahnita udarca odejknula na ulaznim vratima, tri udarca puna žurbe, od kojih mi se kosa digla na glavi.

Vrtoglavo sam razmišljao:

Policija me je pratila... policija... policija... dahtala je moja duša.

Jeka udaraca ponovila se još tri puta, nestrpljivije, bešnje, žurnije.

Uzeo sam revolver i go izišao na vrata.

Nisam uspeo ni da ih otvorim kad mi se Enrike sručio u naručje.

Nekoliko knjiga se otkrotrljalo na pločnik.

– Zatvaraj, zatvaraj, jure me; zatvaraj, Silvio – progovorio je Irsubeta promuklim glasom.

Odvukao sam ga pod nadstrešnicu ispod galerije.

– Šta je bilo, Silvio, šta je bilo? – dovikivala je uplašeno moja majka iz svoje sobe.

– Ništa, ćuti... čuvar je pojurio Enrikea zbog tuče.

U tišini noći, koju je strah pretvorio u saučesnika inkvizitorske pravde, odjeknuo je zvižduk policijske pištaljke i neki konj je galopom projurio na kraju ulice. Jezivi zvuk se umnogostručen ponovio na nekoliko obližnjih mesta.

Dozivanja stražara lebdela su u vazduhu poput papirnatih zmajeva.

Neki sused je otvorio ulazna vrata, čuli su se glasovi razgovora, i Enrike i ja smo se u mraku ispod galerije drhteći pribili jedan uz drugog. Sa svih strana uznemirujući zvižduci odjekivali su preteći, brojni, dok je od zlokobne jurnjave za prestupnikom do nas dopirala jeka konjskih potkovica, mahnitog galopa, naglog zaustavljanja na klizavoj kaldrmi, vraćanje policajaca. A ja sam progonjenog držao u naručju, njegovo drhtavo telo prestrašeno se pripijalo

47

uz moje, i neko bezgranično milosrđe zbližavalo me je sa namučenim mladićem.

Odvukao sam ga u svoju jazbinu. Zubi su mu cvokotali. Drhteći od straha, sručio se u stolicu i njegove prestravljene oči razrogačene od užasa zaustavile su se na ružičastom abažuru na lampi.

Ulicom je ponovo prošao neki konj, ali toliko sporo da sam pomislio da će se zaustaviti pred mojom kućom. Potom je stražar obo svoga konja i dozivanje pištaljke postajalo je sve ređe, a zatim i potpuno prestalo.

– Vode, daj mi vode.

Pružio sam mu bokal, i on je žudno otpio. Voda mu je pevala u grlu. Od dubokog uzdaha raširila su mu se prsa.

Zatim, ne odvajajući nepomični pogled od ružičastog abažura, on se osmehnu nekim čudnim i nesigurnim osmehom čoveka koji se budi iz strašnog bunila.

Rekao je:

– Hvala, Silvio – i nastavio da se osmehuje, bezgranično široke duše koja se našla u čudu zbog neočekivanog spasenja.

– Nego, reci mi, šta je bilo?

– Vidi. Išao sam ulicom. Nije bilo nikoga. Kad sam zamakao za ugao Ulice Južna Amerika, shvatio sam da me ispod fenjera posmatra neki noćni čuvar.

Nagonski sam zastao, a on mi je doviknuo:

– Ko ide?

– Ne treba ni da ti govorim da sam pojurio kao đavo da me goni. On je trčao za mnom, ali pošto je nosio ogrtač, nije uspeo da me stigne... ostavio sam ga za sobom... kad u daljini čujem drugog, stiže na konju... i pištaljku, onaj što me je jurio zazviždao je u pištaljku. Onda sam skupio sve snage i stigao ovamo.

– Vidiš... I sve to zato da knjige ne bi ostale u Lusijevoj kući!... Umalo da te skembaju!

– Sve bi nas poterali u aps.

– A knjige? Da nisi na ulici izgubio knjige?

– Nisam, ispale su mi ovde u hodniku.

Kad sam otišao po njih, morao sam mami da objasnim:

– Nije ništa strašno. Enrike je igrao bilijar s nekim momkom i nehotice je pocepao čoju na stolu. Gazda je hteo da mu naplati, a pošto nije imao para, digla se dževa.

U Enrikeovoj smo kući.

Crveni zrak prodire kroz prozorčić na onom brlogu s marionetama.

Enrike razmišlja u svom uglu, duga bora usekla mu se u čelo od korena kose do veđa. Lusio puši ležeći na gomili prljavog rublja, i dim cigarete je njegovo bledo lice zavio u izmaglicu. Iznad klozeta, iz susedne kuće, dopire melodija valcera koji se lagano izliva iz klavira.

Ja sedim na podu. Crveno-zeleni vojničić bez nogu gleda me iz oronule kućice od kartona. Enrikeove sestre se napolju svađaju neprijatnim glasovima.

– I onda?

Enrike podigne plemenitu glavu i pogleda Lusija.

– I onda?

Ja pogledam Enrikea.

– A šta ti misliš, Silvio? – nastavi Lusio.

– Ne treba to da radimo; da se manemo mangu-parija, inače ćemo da padnemo.

– Preksinoć dva puta umalo nismo.

– Tako je, stvar ne može biti jasnija – i Lusio po deseti put sa uživanjem ponovo čita isečak iz novina:

– Znači, rastura se klub? – kaže Enrike.

– Ne. Na neodređeno vreme zamrzavamo aktivnosti – odgovori Lusio. – Ne planiramo da radimo sad kad je policija nešto nanjušila.

– Naravno; to bi bila glupost.

– A knjige?

– Koliko ima tomova?

– Dvadeset i sedam.

– Po devet svakom... ali ne smemo da zaboravimo da pažljivo izbrišemo pečate Školskog saveta...

– A sijalice?

Lusio brže-bolje odgovori:

– Gledajte, braćo, ja za sijalice neću ni da čujem. Bolje nego da ih vraćam, baciću ih u klozet.

– Da, naravno, sad je malo opasno.

Irsubeta ćuti.

– Tužan si, Enrike, burazeru?

Usta mu se iskrive u neki čudan osmeh; slegne ramenima i žustro, isprsivši se, kaže:

– Odustajete, naravno, ne može svako da ostane u sedlu, ali ja teram dalje, makar me ostavili samog.

Na zidu brloga s marionetama crveni zrak obasjava mladićev ispijeni profil.

Poslovi i dani

Pošto nam je vlasnik kuće povisio stanarinu, preselili smo se u drugu četvrt i prešli u neku mračnu kućerinu u Ulici Kuenka, na kraju Ulice Floresta. Prestao sam da viđam Lusija i Enrikea, i gorka magla bede spustila se na moje dane.

Kad sam napunio petnaest godina, jedne večeri majka mi je rekla:

– Silvio, moraćeš da radiš.

U tom trenutku sam čitao sam neku knjigu za stolom, podigao pogled i s mržnjom ga uputio ka njoj. Pomislio sam: rad, stalno rad. Ali ništa nisam odgovorio.

Ona je stajala kraj prozora. Plavičasta večernja svetlost prelivala joj se na osedeloj kosi i žutom čelu izbrazdanom borama dok me je posmatrala ispod oka, sa izrazom između gađenja i sažaljenja, a ja sam izbegavao da se moj pogled sretne sa njenim.

Bila je uporna, pošto je shvatala koliko je moje ćutanje agresivno.

– Moraš da radiš, razumeš? Nisi hteo da učiš. Ja ne mogu da te izdržavam. Moraš da radiš.

Dok je govorila jedva da je mrdala usnama tankim kao pločice.

Skrivala je ruke u naborima crnog šala pod kojim joj se ocrtavao sitan trup povijenih ramena.

– Moraš da radiš, Silvio.

– Da radim, da radim, šta? Zaboga... Šta biste hteli da radim?... Da izmislim sebi posao...? Dobro znate da sam tražio nameštenje.

Govorio sam sav kipteći od besa, od ljutnje zbog njenih neumoljivih reči, od mržnje prema ravnodušnosti sveta, prema bedi koja nas je svakodnevno pritiskala, a u isti mah i od neizrecivog bola: ubeđenosti u sopstvenu jalovost.

Ali, ona je bila uporna kao da su to jedine reči koje zna.

– Šta da radim?... Reci mi, šta?

Mahinalno je prišla prozoru, i nervoznim pokretom namestila nabore na zavesi. Kao da joj je bilo teško da izgovori:

– U *La Prensi* uvek traže...

– Jeste, traže sudopere, kuhinjske momke... Hoćete li da idem da perem sudove?

– Ne, ali moraš da radiš. Ovo malo što je ostalo dovoljno je taman toliko da Lila završi školu. Ni za šta više nema. Šta bi ti hteo da uradim?

Pokazala je pocepanu čizmicu pod porubom suknje i rekla:

– Pogledaj ove čizmice. Lila mora svaki dan da ide u biblioteku da ne bi trošila na knjige. Šta bi ti hteo da uradim, sine?

Sada joj je glas bio bolan. Tamna brazda presecala joj je čelo sve do korena kose i usne su joj bezmalo drhtale.

– U redu, mama, radiću.

Kakvo očajanje. Plavičasta svetlost mi je svu jednoličnost našeg života svrdlala u dušu, nesnosno, nemo burgijala kroz mozak.

Spolja se čula tužna pesma grupe dece:

Evo kule stražare.
Evo kule stražare.
Hoću da je osvojim.

Tiho je uzdahnula.

– Ništa ne bih više volela nego da možeš da studiraš.

– To ničemu ne služi.

– Onog dana kad Lila diplomira...

Glas je bio pitom, pun muke i bola.

Sela je kraj šivaće mašine i iz profila je njeno oko pod tankom linijom obrva bilo košara puna senki s ponekom tužnom belom varnicom. Leđa su joj bila pogrbljena, a plavičasta svetlost na glatkoj kosi ličila je na svetlost lednika.

– Kad samo pomislim... – mrmljala je.

– Tužna si, mama?

– Nisam – odgovorila je.

I odjednom:

– Hoćeš li da razgovaram o tome s gospodinom Najdatom? Mogao bi da naučiš da budeš dekorater. Ne dopada ti se taj zanat?

– Svejedno mi je.

– Ipak, mnogo zarađuju.

Osetio sam potrebu da ustanem, uhvatim je za ramena i da je prodrmusam, vičući joj u uho:

– Ne pričajte o novcu, mama, molim vas...! Ne pričajte... ćutite...!

Stajali smo tamo, skamenjeni od teskobe. Napolju je grupa dece još pevala tužnu melodiju:

Evo kule stražare.
Evo kule stražare.
Hoću da je osvojim.

Pomislio sam:

– Pa, takav je život, i kad odrastem i budem imao sina, reći ću mu: „Moraš da radiš. Ja ne mogu da te izdržavam". Takav je život. Od naleta hladnoće zatresao sam se u stolici.

Sada, dok sam gledao njeno slabašno telo, srce mi je ispunio bol.

Zamišljao sam da je gledam van vremena i prostora, u nekom suvom predelu, u mrkoj ravnici pod nebom plavim kao da je metalno. Bio sam toliko mali da nisam umeo ni da hodam, a ona je, pod šibom senki, tužna, pretužna, išla ivicama puteva noseći me u rukama, grejući mi kolena na svojim grudima, stežući celo moje sićušno telo uza svoje slabašno telo, prosila je od ljudi mene radi, kad bi me dojila od vreline jecaja su joj se sušila usta, od svojih gladnih usta odvajala je hleb da bi ga stavila u moja, od svoga spavanja kako bi me utešila u mom plaču, i blistavih očiju, tela umotanog u bednu odeću, onako sitna i tužna, širila se poput vela kako bi zaštitila moj san.

Jadna mama! Poželeo sam da je zagrlim, da privijem njenu osedelu glavu na svoje grudi, da je za-

54

molim za oproštaj zbog grubih reči, i odjednom sam, prekinuvši dugo ćutanje, rekao uzdrhtalim glasom:

– Hoću, radiću, mama.

Tiho:

– U redu, sine, u redu... – i dubok bol nas je ponovo naterao da zanemimo.

Napolju, na ružičastom vrhu zida, naspram nebeskog sjaja blistao se srebrni tetragram.

Don Gaetano je u Ulici Lavalje broj 800 imao knjižaru, ili tačnije lokal za kupoprodaju polovnih knjiga koji je bio ogromna dvorana do krova puna knjiga.

Radnja je bila prostranija i mračnija od Trofonijeve špilje.

Kuda god čovek pogleda, stajale su knjige: knjige na stolovima napravljenim od dasaka postavljenih preko nogara, knjige na tezgama, po ćoškovima, ispod stolova, u podrumu.

Široko pročelje pokazivalo je prolaznicima sadržaj špilje, a na zidovima prema ulici visile su knjige s povestima za prostu maštu, roman o Genovevi Brabantskoj i Musolinove pustolovine. Na suprotnoj strani, kao u nekoj košnici, sve je vrvelo od ljudi u predvorju kinematografa čije je zvonce neprestano zvonilo.

Na tezgi kraj vrata mušterije je usluživala don Gaetanova supruga, debela, bleda žena smeđe kose i očiju veličanstvenih zbog izraza zelene surovosti u njima.

– Don Gaetano nije tu.

Žena mi je pokazala nekog grmalja koji je u košulji sa vrata posmatrao kako ljudi prolaze. Crnu kravatu vezao je oko golog vrata, kroz kovrdžavu kosu na nemirnom čelu izvirivale su oči. Bio je to lep čovek, snažan, mrke puti, ali su njegove krupne nemirne oči pod gustim trepavicama izazivale nepoverenje.

Čovek je uzeo pismo kojim su me preporučivali i pročitao ga; zatim se, predavši ga supruzi, zagledao u mene.

Velika bora usekla mu se u čelo, i po po tome kako me je merkao naslućivalo se da je to čovek po prirodi nepoverljiv i prepreden, a u isti mah nekako sladunjav, čovek pritvorne zašećerene dobrote, tobože popustljiv, ako je suditi po njegovom grohotnom smehu.

– Znači, radio si već u knjižari?

– Jesam, gazda.

– A taj drugi je imao mnogo posla?

– Prilično.

– Ali nema ovoliko knjiga koliko ih ima ovde, ha?

– Oh, razume se, ni deseti deo.

Zatim će svojoj supruzi:

– A Mesje više neće dolaziti na posao?

Žena je grubim tonom rekla:

– Takvi su ti svi ti vašljivci. Kad utole glad i nauče da rade, odu.

Reče i nasloni bradu na dlan šake, a kroz rukav na zelenoj bluzi ukaza se komadić gole ruke. Njene surove uči nepomično su zurile na ulicu punu prolaznika. Zvonce u kinematografu neprestano je zvonilo, a zrak sunca je, provukavši se preko visokih zidova, osvetljavao tamno pročelje zdanja Darda Roće.

– Koliko bi hteo da zarađuješ?

– Ne znam... Vi bolje znate.

– Dobro, vidi... Daću ti pezos i po i stan i hranu, biće ti bolje nego kraljeviću, mada naravno – i čovek nakrivi kosmatu glavu – ovde nema radnog vremena... najviše posla ima od osam do jedanaest uveče...

– Kako to, u jedanaest uveče?

– Pa šta bi hteo, takva momčina kao što si ti može da ostane do jedanaest uveče, da gleda lepe devojke kako prolaze. Ali, tačno je, izjutra ustajemo u deset.

Setivši se koliko je don Gaetana poštovao čovek koji me je preporučio, rekao sam:

– U redu, ali pošto su mi potrebne pare, plaćaćete mi svake nedelje.

– Šta je bilo, nemate poverenja?

– Ne, gospođo, nego sam potreban svojima kod kuće, i siromašni smo... Razumećete...

Žena je skrenula svoj uvredljivi pogled na ulicu.

– U redu – nastavio je don Gaetano – dođi sutra u deset u naš stan; živimo u Ulici Esmeralda – zapisao je adresu na komadiću hartije i dao mi je.

Žena nije odgovorila na moj pozdrav. Nepomična, obraza položenog na dlan i gole ruke naslonjene na hrbate knjiga, očiju uprtih u pročelje zdanja Dardo Roća, izgledala je kao mračni duh iz pećine s knjigama.

U devet ujutro stajao sam pred kućom u kojoj je živeo knjižar.

Pošto sam pozvonio, zavukao sam se u ulaz da se sklonim od kiše.

Neki bradati starac vrata umotanog u zeleni šal i kape natučene do ušiju izišao je da mi otvori.

– Šta želite?

– Ja sam novi radnik.

– Uđite.

Požurio sam preko odmorišta ka stepeništu s prljavim stepenicima.

Kad smo stigli do hodnika, čovek reče:

– Sačekajte.

Iza okna prozora koji je gledao na ulicu, naspram velikog balkona, videla se metalna reklama čokoladne boje nad nekom radnjom. Kišica je sporo klizila preko lakiranih ispupčenja. U daljini, nekakav dimnjak je između dva rezervoara izbacivao ogromne zavese dima u prostor izbušen iglicama vode.

Ponavljali su se nestrpljivi udarci zvona na tramvajima, između trole i kablova izbijale su ljubičaste varnice; ne znam odakle, dopiralo je kukurikanje promuklog pevca.

Kada sam se suočio sa zapuštenošću te kuće obuzela me je iznenadna tuga.

Na staklima vrata nije bilo zavesa, a kapci su bili zatvoreni.

U uglu dvorane, na patosu prekrivenom prašinom, neko je zaboravio komadić tvrdog hleba, a u vazduhu je lebdeo kiseo miris lepka: zadah memljive prljavštine.

– Migele – doviknula je žena iz kuće neprijatnim glasom.

– Evo idem, gospođo.

– Je l' gotova kafa?

Starac je podigao ruke i stisnuvši pesnice preko vlažnog dvorišta pošao u kuhinju.

– Migele.

– Gospođo.

– Gde su košulje koje je Eusebija donela?

– U malom kovčegu, gospođo.

– Don Migele – obratio mu se podsmešljivo muškarac.

– Recite, don Gaetano.

– Kako vam ide, don Migele?

Starac je odmahnuo glavom levo, pa desno, i neutešno podigao pogled ka nebu.

Bio je mršav, visok, izduženog lica, s bradom od tri dana na mršavim obrazima i tužnim izrazom psa-lutalice u krmeljivim očima.

– Don Migele.

– Recite, don Gaetano.

– Idi da mi kupiš cigare.

Satarac krenu.

– Migele.

– Gospođo.

– Donesi pola kile šećera u kockama, i nek ti ga tačno izmere.

Neka vrata su se otvorila, i don Gaetano se pojavio držeći šlic obema rukama, s komadićem češlja koji mu je visio u kovrdžavoj kosi na čelu.

– Koliko je sati?

– Ne znam.

Pogledao je u dvorište.

– Odvratno vreme – promrmljao je, a zatim je počeo da se češlja.

Kad je don Migel stigao sa šećerom i cigarama, don Gaetano je rekao:

– Daj korpu, posle ćeš u radnju doneti kafu – i navlačeći mastan filcani šešir, uzeo korpu koju mu je pružio starac i predajući je meni dodao:

– Hajdemo na pijacu.

– Na pijacu?

Odmah je shvatio smisao mojih reči.

– Jedan savet, Silvio. Ne volim da ponavljam šta sam rekao. Osim toga, kad čovek kupuje na pijaci, bar zna šta jede.

Snuždeno sam krenuo za njim noseći korpu, besramno veliku korpu koja je, udarajući me po kolenima, onako drečava, moju muku što sam siromah činila još dubljom, još groteksnijom.

– Pijaca je daleko?

– Nije, čoveče, ovde u Ulici Karlos Peljegrini – i posmatrajući me s tužnim izrazim lica, rekao je:

– Izgleda da se stidiš što nosiš korpu. Međutim, pošten čovek ničega ne treba da se stidi kad je posao u pitanju.

Neki dendi koga sam okrznuo korpom besno me je prostrelio pogledom; neki uniformisani vratar rumenog lica, od ranog jutra u veličanstvenoj livreji i sa zlatnim širitima ironično me je odmerio, a neki mangup koji je prošao, kao nehotice, udario nogom u dno korpe obojene u kao rotkvica crvenu boju, koja me je onako besramno velika činila beskrajno smešnim.

O, ironije! A ja sam sanjao da postanem veliki razbojnik poput Rokambola i genijalni pesnik poput Bodlera!

Mislio sam:

– Zar čovek mora toliko da trpi da bi živeo...? Sve to... Što moram s korpom da prolazim pored raskošnih izloga...

Bezmalo celo jutro izgubili smo tumarajući po Srebrnoj pijaci.

Fin mi je gospodin bio taj don Gaetano! Ne bi li kupio glavicu kelja, krišku bundeve ili pregršt listova zelene salate, išao je od tezge do tezge natežući se, sramno se cenjkajući zbog pet centava s piljarima s kojima se psovao na narečju koje nisam razumeo.

Kakav čovek! Ponašao se kao lukav seljak, grubijan koji se pravi lud, a kad shvati da ne može da prevari, odgovara šalom.

Tražeći jeftinu robu umešao bi se među pralje i služavke da gura nos u stvari koje ga nisu smele zanimati, pretvarao se da je vidar, i kada bi prišao kalajisanim tezgama prodavaca ribe zagledao bi škrge oslića i gavuna, probao gambore, uopšte ne kupivši ribu otišao do kobasičarske tezge, odatle do onih koji su prodavali živinu, i pre nego što bi bilo šta kupio, njuškao bi namirnicu i nepoverljivo je pipkao. Ako bi se prodavci ljutili, on bi im doviknuo da ne želi da bude prevaren, da dobro zna da su svi oni obične lopuže, ali greše ako misle da je on budala zato što je jednostavan čovek.

Njegova jednostavnost bila je obična lakrdija, njegova glupost najživahniji mangupluk.

Postupio bi ovako:

Sa strpljenjem koje bi čoveka bacalo u očajanje birao bi glavicu kelja ili karfiola. Našao bi odgovarajuću i pitao za cenu, ali bi odjednom otkrio neki drugi koji mu se učinio zreliji i veći, i to bi bio povod za svađu između piljara i don Gaetana, i obojica bi se trudili da jedan drugoga potkradu, da naškode bližnjem, makar za samo jedan centavo.

Njegova nepouzdanost bila je neverovatna. Nikad nije plaćao koliko mu traže, nego koliko ponudi pre nego što padne dogovor. Jednom sam već bio stavio namirnice u korpu, a don Gaetano se odmakao od tezge, zabio palčeve u džepove na prsluku, izvadio i izbrojao, ponovo prebrojao novac, i prezrivo ga bacio na tezgu kao da prodavcu čini uslugu i zatim se brzo udaljio.

Ako bi se trgovac razdrao na njega, on bi odgovorio:

– Smiri se malo.

Nije mogao da se svrti na jednom mestu, očima je samo gutao, padao u ekstazu pred ponuđenom robom zbog novca koji su za nju tražili.

Prišao bi trgovcu koji prodaje svinjetinu da pita za cenu kobasica, pohlepno zagledao ružičaste svinjske glave, polako ih obrtao pod bezizražajnim pogledom trbušastih trgovaca u belim keceljama, češkao se iza uha, halapljivo razgledao rebra okačena o gvozdene kuke i brda slanine isečene na šnitove, i kao da rešava problem koji mu ne da mira prilazio sledećoj tezgi da štrpne od nekog kotura sira, ili da prebroji koliko špargli ima u vezi, da uprlja ruke artičokama i rotkvama, da gricne neku bundevinu semenku ili da prema svetlu zagleda jaja i uživa u gomilama vlažnog, čvrstog, žutog maslaca koji još miriše na surutku.

Ručali smo oko dva popodne. Don Migel je spustio tanjir na bure s kerozinom, ja sam jeo na uglu stola punog knjiga, debela žena u kuhinji, a don Gaetano na tezgi.

U jedanaest uveče izišli smo iz pećine.

Don Migel i debela žena išli su sredinom blistave ulice, s korpom u kojoj je zveckalo posuđe za kafu; don Gaetano, šaka nabijenih duboko u džepove, sa šeširom na temenu i pramenom kose koji bi mu pao preko očiju, a ja za njima, razmišljajući koliko je dug bio moj prvi radni dan.

Popeli smo se, i kad smo stigli do hodnika, don Gaetano me je upitao:

– Ej, ti, jesi li poneo jorgan?

– Nisam. Zašto?

– Ima jedan krevet, ali na njemu nema jorgana.

– I nemam čime da se pokrijem?

Don Gaetano je pogledao unaokolo, zatim otvorio vrata trpezarije; na stolu je stajao zeleni stolnjak, težak i čupav.

Donja Marija baš je ulazila u spavaću sobu kad je don Gaetano dohvatio stolnjak za jedan kraj i prebacivši mi ga preko ramena mrzovoljno rekao:

– Smiri se malo – i ne odgovarajući na moje laku noć, zatvorio mi vrata pred nosom.

Zbunjeno sam ostao da stojim pred starcem, koji je svoju ljutnju iskazao ovom muklom psovkom:

„Ah! Bogo Istiniti!"; zatim je pošao dalje, a ja za njim.

Brlog u kojem je živeo izgladneli starac, koga sam od tog trenutka krstio imenom Bogo Istiniti, bio je neki besmisleni trougao s rogljem uvrh tavanice, s okruglim prozorčićem koji je gledao na Ulicu Esmeralda i kroz koji se videla električna svetiljka koja je osvetljavala pločnik. Staklo na prozorčetu bilo je razbijeno i kroz njega su se probijali naleti vetra od kojih je podrhtavao žuti jezičak sveće u svećnjaku na zidu.

Uza zid je stajao krevet na sklapanje, dva štapa postavljena unakrst sa platnom prikucanim za prečke.

Bogo Istiniti izišao je na terasu da piški, zatim seo na sanduk, skinuo kapu i čizme, brižljivo umotao šal oko vrata i spreman da se suoči sa hladnoćom noći obazrivo se popeo na ležaj, do brade navukavši pokrivače, platnene vreće pune neupotrebljivih krpa.

Bledunjava svetlost sveće osvetljavala mu je lice iz profila, dug crvenkast nos, spljošteno čelo izbrazdano borama i glatku lobanju s tragovima sede kose iznad ušiju. Pošto mu je smetala promaja koja je duvala, Bogo Istiniti je pružio ruku, dohvatio kapu i natukao je do ušiju, zatim iz džepa izvadio opušak, pripalio ga, ispuštao duge dimove, i sastavivši šake ispod potiljka smrknuto se zagledao u mene.

Ja sam počeo da razgledam svoj krevet. Zacelo su se mnogi napatili na njemu, toliko je bio propao. Pošto je ivica lastiša izlizala tkanje, niti su štrčale u vazduh poput fantastičnih vadičepa, a spojke na ručkama bile su zamenjene žicom vezanom u omče.

Ipak nisam mogao da provedem noć u zanosu, i pošto sam proverio koliko je stabilan, ugledavši se na Bogu Istinitog skinuo sam čizme, koje su mi umotane u novine poslužile kao jastuk, uvio se u zeleni stolnjak i sručivši se na verolomni ležaj rešio da zaspim.

Neosporno, bio je to krevet velesiromaha, krš iz jevrejskog kvarta, najpodmukliji ležaj koji sam u životu video.

Opruge su mi se zabijale u leđa; činilo mi se da njihovi oštri vrhovi hoće da mi probiju meso između rebara, kruta čelična mreža u jednom delu se bez imalo obzira ulegla u jednoj tački, dok su se u drugom usled čuda rastegljivosti pravila brdašca, i pri svakom pokretu koji bih napravio ležaj bi cvileo i neverovatno glasno škripao, kao kad se nepodmazani zupčanici taru jedan o drugi. Osim toga, nikako nisam mogao da nađem udoban položaj, oštra vlakna stolnjaka grebala su me po grlu, od ivice čizama šija mi je utrnula, spirale na oprugama štipale su me za meso. Onda ću ja:

– Hej, čujte, Bogo Istiniti!

Poput kornjače, starac je isturio svoju sitnu glavu kroz krpeni oklop.

– Recite, don Silvio.

– Šta oni misle, što ovu krevetčinu nisu bacili u đubre?

Časna starina prevrnu očima i odgovori mi dubokim uzdahom, tako uzevši Boga za svedoka svih ljudskih niskosti.

– Recite mi, Bogo Istiniti, zar nema drugog kreveta?... Ovde ne može da se spava...

– Ova je kuća pakao, don Silvio... pakao – i utišavši glas, u strahu da ga ne čuju – To jest... žena... jelo... Ah, Bogo Istiniti, kakva je ova kuća!

Starac je ugasio svetlo, a ja sam pomislio:

– Nema sumnje, pao sam s konja na magarca.

Sad se čuo šum kiše koja je dobovala po cinku na prozoru.

Odjednom me je trgao prigušen jecaj. To je starac plakao, plakao od muke i gladi. I to je bio moj prvi dan.

Ponekad se u noći javljaju lica devojaka koje nas probadaju mačevima svojih slasti. Pođemo dalje, a duša nam ostane smračena i sama kao posle terevenke.

Izvanredna stvorenja... otišle su i više ništa o njima nismo čuli, a ipak su nas jedne noći pratile, netremice zagledane u naše nepomične oči... i mi, ranjeni mačem slasti, zamišljamo kakva bi bila ljubav tih žena čija su nam se lica urezala u meso. Mučna ispošćenost duha, nepostojana strast, gorka i neumoljiva.

Zamišljamo kako bi ka nama nakrivile glavu, put neba digle poluotvorene usne i pustile želju da klone, a da lepota lica ne opovrgne idealni trenutak; zamišljamo kako bi njihove ruke pokidale uzlove na prsniku...

Lica... lica devojaka stasalih da očajavaju od radosti, lica od kojih nam u utrobi iznenada bukne opojna žeravica, lica na kojima želja neće izneveriti idealni trenutak. Otkud li su došle da se nastane u našim noćima?

Satima sam neprekidno pogledom pratio oblik devojke zbog koje mi je toga dana u kostima ostala čežnja za ljubavlju.

Natenane sam proučavao njene čari ponikle od stida što su tako božanstvene, njena usta stvorena samo za velike poljupce; gledao sam kako se njeno pokorno telo priljubljuje uz izazovno telo njenog razočaranja i uporno tražio slast njenog prepuštanja u veličanstvenoj sićušnosti njenih krhkih udova, pogleda zaokupljenog licem na telu previše mladom za muku i majčinstvo dok pruža ruku ka mom jadnom telu; mučeći je, puštao sam je da se primakne uživanju.

U tom trenutku don Gaetano se vratio sa ulice i ušao u kuhinju. Namrgođeno me je pogledao, ali ništa nije rekao, a ja sam se nadneo nad konzervu s lepkom i vraćao knjige na mesto misleći: biće oluje.

Naravno, u kraćim razmacima, bračni par se svađao.

Bleda žena, nepomična, nalakćena na tezgu, ruku zavučenih u nabore zelene marame, surovim očima sledila je svaki korak svoga muža.

Don Migel je u kuhinjici u masnoj vangli prao tanjire. Rese na šalu su mu dodirivale ivicu posude, a kecelja na crveno-plave kvadrate kanapom vezana oko pasa štitila ga je od prskanja vode.

– Kakva je ovo kuća, Bogo Istiniti!

Moram upozoriti na to da je kuhinja, mesto na kojem smo se baškarili, bila naspram smrdljivog klozeta, u nekom leđima polica odeljenom uglu one špilje.

Na prljavoj dasci zatrpanoj ostacima povrća stajali su komadići mesa i krompira od kojih je don Migel pravio skromni podnevni obrok. Što bi u podne umaklo našoj halapljivosti uveče bi bilo posluženo u obliku nekog ekstravagantnog variva. Bogo Istiniti bio je genije i mag te smradne pećine. Tu smo kleli svoju sudbu; tu se don Gaetano ponekad sklanjao da ojađeno mozga o nedaćama braka.

Mržnja koja je kiptela u ženinim grudima na kraju bi eksplodirala.

Bio je dovoljan beznačajan pokret, bilo kakva sitnica.

Odjednom bi žena, obuzeta mračnim besom, napustila tezgu i vukući nanule preko ploča, ruku zavučenih u svoju maramu, stisnutih usana i nepomičnih kapaka tražila muža.

Sećam se scene koja se odvijala onoga dana:

Kao i obično, toga jutra se don Gaetano napravio da je ne vidi, mada je stajala na tri koraka od njega. Svojim očima sam video kako se nadneo nad knjigom pretvarajući se da čita naslov.

Bleda žena ostala je nepomična. Samo su joj usne zadrhtale kao što zatreperi list.

Zatim je glasom koji je odjekivao sa ozbiljnošću jezive jednoličnosti rekla:

– Bila sam lepa. Šta si uradio s mojim životom?

Kosa joj je podrhtavala na čelu kao da je nosi vetar.

Don Gaetanovo telo potresao je trzaj.

Sa očajanjem od kojeg mu je grlo nabreklo, ona mu je sručila u lice ove teške, otrovne reči:

– Ja sam te uzdigla... Ko ti je bila majka... obična drolja koja bi pošla sa svakim muškarcem! Šta si napravio od mog života...?

– Marija, umukni! – muklim glasom je odgovorio don Gaetano.

– Nego šta, a ko te je spasao od gladi, ko te je obukao...? Ja, mamlaze... Ja sam te hlebom hranila – i ženina ruka se diže kao da hoće da ošine muškarca po obrazu.

Don Gaetano uzrujano ustuknu.

Ona reče s gorčinom u kojoj je podrhtavao jecaj, otrovno težak jecaj:

– Šta si napravio od mog života... svinjo! U svojoj kući živela sam kao karanfil u saksiji, nisam imala nikakve potrebe da se udajem za tebe, mamlaze...

Ženine usne iskrivile su se u grču, kao da prežvakuje neku lepljivu, jezivu mržnju.

Izišao sam kako bih radoznalce rasterao od izloga.

– Pusti ih, Silvio – doviknula mi je zapovednički – neka čuju ko je ovaj bestidnik – i razrogačenih zelenih očiju, kao da joj se lice primiče sve bliže, kao na nekom ekranu, nastavila je, još bleđa:

– Da sam bila drugačija, da sam postala skitnica, bolje bih živela... bila bih daleko od takvih svinja kao što si ti.

Ućutala je i smirila se.

Sad je don Gaetano usluživao nekog gospodina u mantilu s velikim zlatnim naočarima nataknutim na tanak nos pocrveneo od hladnoće.

Van sebe zbog njegove ravnodušnosti, pošto je čovek verovatno već bio oguglao na takve scene i radije je puštao da ga vređa nego da izgubi zaradu, žena se razdrala:

– Ne obraćajte pažnju na njega, gospodine, zar ne vidite da je to obična napuljska lopuža?

Stari gospodin začuđeno se okrenuo da poogleda tu furiju, a ona će:

– Traži vam dvadeset pezosa za knjigu koju je paltio četiri – i pošto se don Gaetano nije osvrtao, povikala je tako da joj se lice zacrvenelo:

– Jeste, lopuža si, lopuža! – i ispljunula na njega sav svoj prezir, sve svoje gađenje.

Stari gospodin reče, pritiskajući naočare ka korenu nosa:

– Navratiću drugi put – i ljutito iziđe. Tada gospa Marija uze neku knjigu i iz sve snage je zavitla don Gaetanu u glavu, pa onda još jednu, i još jednu.

Don Gaetano kao da se gušio od srdžbe. Odjednom je strgao okovratnik i crnu kravatu i bacio ih ženi u lice; zatim je na trenutak zastao kao da ga je nešto udarilo po slepom oku i potrčao, izleteo na ulicu, iskolačio oči i zastavši nasred pločnika mašući golom i ćelavom glavom, kao ludak je pokazujući prolaznicima, raširenih ruku, doviknuo glasom neprirodnim od odvažnosti:

– Životinjo... životinjo... životinjetino...!

Zadovoljna, ona mi je prišla:

– Jesi li video kakav je? Nema od njega vajde... đubre! Kunem ti se da katkad poželim da ga ostavim – i vrativši se za tezgu prekrsti ruke i ostade zamišljena, surovog pogleda uprtog na ulicu.

Odjednom će:

– Silvio.

– Gospođo.

– Koliko ti dana duguje?

– Tri, ako računamo i današnji, gospođo.

– Drži – i pružajući mi novac, dodade: – Ništa mu ne veruj, varalica je to... Prevario je i jedno osiguravajuće društvo; kad bih samo htela, poslala bih ga u zatvor.

Pošao sam u kuhinju.

– Šta kažeš na ovo, Migele...?

– Pakao, don Silvio. Kakav život! Bogo Istiniti! – I starac preteći zamahnu pesnicom ka nebu i ispusti dubok uzdah, pa onda pognu glavu nad vanglu i nastavi da ljušti krompir.

– Ma, šta znači sav taj urnebes?

– Ne znam... dece nemaju... on nije ni za šta...

– Migele.

– Recite, gospođo.

Piskavi glas naredi:

– Nemoj da spremaš ručak; danas nema jela. Kome se ne sviđa, nek se nosi.

Bio je to udarac koji ga je dokrajčio. Nekoliko suza kliznulo je preko oronulog lica izgladnelog starca.

Prošlo je nekoliko trenutaka.

– Silvio.

– Gospođo.

– Drži, evo ti pedeset centava. Idi nekuda da jedeš.

I zamotavši ruke u krajeve zelene marame, ponovo zauze uobičajeno surovo držanje. Niz sivkaste obraze dve bele suze polako su klizile ka uglovima usana.

Dirnut, promrmljao sam:

– Gospođo...

Ona me je pogledala ukočenog lica i osmehnuvši se čudnim, grčevitim osmehom, rekla:

– Hajde, i vrati se do pet.

Iskoristivši slobodno popodne odlučio sam da odem u posetu gospodinu Visenteu Timoteu Sousi, kojem me je preporučio neki poznanik što se bavio okultnim naukama i drugim teozofskim veštinama. Pritisnuo sam zvonce i ostao zagledan u mermerne stepenice na kojima je crveni tepih pričvršćen bronzanim cevima kroz stakla na teškim gvozdenim vratima preplavilo sunce.

Vratar, odeven u crno, polako je sišao.

– Šta želite?

– Da li je gospodin Sousa kod kuće?

– Ko ste vi?

– Astijer.

– As...

– Tako je, Astijer. Silvio Astijer.

– Sačekajte, idem da proverim – i pošto me je odmerio od glave do pete, nestao je iza vrata u predvorju prekrivenih dugim žutobelim zavesama.

Čekao sam nestrpljivo, zabrinuto, znajući da jedna odluka tog velikog gospodina zvanog Visente Timoteo Sousa može da promeni sudbinu moje nesrećne mladosti.

Teška vrata ponovo su se otškrinula i vratar mi je svečano saopštio:

– Gospodin Sousa kaže da dođete kroz pola sata.

– Hvala... hvala... doviđenja – otišao sam bled kao krpa. Ušao sam u neku mlekaru u blizini kuće, seo za sto i od konobara naručio kafu.

– Nema sumnje – pomislio sam – ako gospodin Sousa hoće da me primi, to je zato da bi mi dao obećani posao.

– Ne, nastavljao sam – nemam nikakvog razloga da o Sousi imam loše mišljenje... Ko zna kakve je sve obaveze imao kad me nije primio...

Ah, gospodin Timoteo Sousa!

Njemu me je jednoga jutra predstavio teozof Demetrio, koji je hteo da mi pomogne da popravim svoj položaj.

Sedeći u dvorani, za rezbarenim stolom talasastih oblika, gospodin Sousa je vodio razgovor, blistavo izbrijanih obraza i živih očiju iza stakala lornjona.

Sećam se da je bio odeven u baršunastu kućnu haljinu sa sedefnim dugmadima i manžetama od nutrije, slika i prilika bonvivana koji zabave radi može sebi da dozvoli slobodu da razgovara s nekim ubogim đavolom.

Razgovarali smo, i on je govoreći o mojoj mogućoj psihologiji rekao:

– Razbarušena kosa, nemirna narav...; lobanja spljoštena na zatiljku, temperament sklon umovanju... ubrzan puls, romantičarsko ustrojstvo...

Gospodin Sousa je, obraćajući se ravnodušnom teozofu, rekao:

– Poslaću ovog nesrećnika da studira za lekara. Šta mislite o tome, Demetrio?

Teozof ni da trepne.

– U redu je... mada, svaki čovek može da bude od koristi ljudskom rodu, ma koliko beznačajan bio njegov društveni položaj.

– Ha, ha; vi ste uvek filozof – i gospodin Sousa se okrete meni i reče:

– Da vidimo... prijatelju Astijer, zapišite šta vam prvo padne na pamet u ovom trenutku.

Oklevao sam; zatim sam predivnim zlatnim perom koje mi je čovek ljubazno dao zabeležio:

– Kreč vri kad se pokvasi.

– Poluanarhista, ha? Pazite na svoj mozak, prijatelju moj... pazite ga, jer ćete između dvadesete i dvadeset i druge godine doživeti *surmenage*[1].

Pošto nisam znao, upitao sam:

– Šta znači *surmenage*?

Prebledeo sam. Još se i sad postidim kada se toga setim.

– To se samo tako kaže – primetio je on. – Treba da vladamo svim svojim osećanjima – i nastavio:

– Prijatelj Demetrio mi je rekao da ste izumeli ne znam šta sve.

Kroz stakla na paravanu prodirala je snažna sunčeva svetlost, i iznenadni nalet sećanja na bedu rastužio me je toliko da sam oklevao da mu odgovorim, ali sam to ipak učinio, gorkim glasom.

– Da, neke stvarčice... signalni projektil, automatski brojač zvezda...

– Teorija... snovi... – prekinuo me je trljajući ruke. – Ja poznajem Rikaldonija[2], a on je i pored svih svojih izuma ostao običan profesor fizike. Ko

---

[1] Premor (fr.) – *Prim. prev.*
[2] Pedro Rikaldoni, urugvajski pronalazač i profesor fizike, zaslužan za uvođenje metričkog i decimalnog sistema u zemlje Južne Amerike.

hoće da se obogati mora da izmišlja proste, praktične stvari.

Osetio sam kako me teskoba liže svojim jezikom.

Nastavio je:

– Znate li ko je patentirao igru dijabola?... Neki švajcarski student koji se tokom zime dosađivao u svojoj sobi. Zgrnuo je silne pare, baš kao i onaj Amerikanac što je izmislio olovku s gumicom na kraju.

Zaćutao je, i izvukavši zlatnu tabakeru sa cvetnim ukrasom od rubina na poleđini i ponudio nas cigaretama od svetlog duvana.

Teozof je odbio odmahnuvši glavom, ja sam prihvatio. Gospodin Sousa je nastavio:

– Nego, da pređemo na nešto drugo. Kako mi je rekao ovaj ovde moj prijatelj, potreban vam je posao.

– Jeste, gospodine, posao na kojem bih mogao napredovati, pošto tu gde radim...

– Da... da... znam već, radnja nekog Napolitanca... znam... kakav je to čovek. Vrlo dobro, vrlo dobro... mislim da neće biti nikakvih smetnji. Napišite mi pismo sa svim pojedinostima o svom karakteru, iskreno, i nemojte sumnjati da vam mogu pomoći. Kad ja nešto obećam, to i ispunim.

Nemarno je ustao iz fotelje.

– Prijatelju Demetrio... bilo mi je vrlo drago... dođite mi uskoro u posetu, hoću da vam pokažem neke slike. Mladi Astijere, očekujem vaše pismo – i uz osmeh dodade:

– Pazite da me ne slažete.

Kad sam izišao na ulicu, teozofu sam oduševlje-
no rekao:
– Kako je dobar gospodin Sousa... i to sve zahva-
ljujući vama... mnogo vam hvala.
– Videćemo... videćemo.
Prekinuo sam sa prisećanjima kako bih momka
iz mlekare upitao koliko je sati.
– Deset do dva.

Šta li je odlučio gospodin Sousa?
Dva meseca sam mu svaki čas pisao objašnjava-
jući mu svoj težak položaj, i posle dugih ćutanja i
kratkih poruka bez potpisa napisanih pisaćom ma-
šinom, srebrobogati čovek udostoio se da me primi.
– Tako je, mora biti da će mi dati neki posao,
možda u gradskoj službi ili u vladi. Kada bi tako bi-
lo, ala bi se mama iznenadila! – I kad sam je se se-
tio, u onoj mlekari sa rojevima muva što su obletale
oko piramida kolača i milhbrota, iznenada sam se
raznežio i oko mi je zasuzilo.
Bacio sam cigaretu, i pošto sam platio što sam
naručio krenuo sam ka Sousinoj kući.
Srce mi je žestoko tuklo kada sam pozvonio.
Odmah sam sklonio prst sa zvonca, pomislivši:
– Da ne pomisli slučajno da sam nestrpljiv da me
što pre primi, pa da se zbog toga naljuti.
Koliko je stidljivosti bilo u toj opreznoj zvonjavi!
Kao da sam pritiskajući zvonce hteo da kažem:
– Izvinite na smetnji, gospodine Sousa... ali, tre-
ba mi posao...
Vrata se otvoriše.
– Gospodin... – promucao sam.

– Uđite.

Na vrhovima prstiju penjao sam se uza stepenište za famulusom. Mada su ulice bile suve, na otiraču na pragu očistio sam đonove čizama kako tamo ništa ne bih zaprljao.

U predvorju smo zastali. Bilo je mračno. Sluga je kraj stola ređao cvetove u kristalnu vazu.

Otvorila su se neka vrata i gospodin Sousa se pojavio odeven za izlazak, iskričavog pogleda iza stakala svog lornjona.

– Ko ste vi? – grubo mi je doviknuo.

Zbunjeno sam odgovorio:

– Ali, gospodine, ja sam Astijer...

– Ne poznajem vas, gospodine; nemojte me više uznemiravati svojim neumesnim pismima. Huane, ispratite gospodina.

Zatim se okrenuo i zalupio vrata iza mojih leđa.

Ponovo sam, još tužniji, po suncu krenuo put one moje špilje.

Jedne večeri, pošto su se prethodno međusobno izvređali do promuklosti, don Gaetanova žena je, shvativši da ovaj neće otići s posla kao što je inače činio, odlučila da ode.

Izišla je do Ulice Esmeralda i vratila se u stan sa belim zavežljajem. Zatim je u inat mužu koji je na vratima špilje drsko pevušio neki kuplet otišla u kuhinju i pozvala Bogu Istinitog i mene. Zapovedila mi je, prebledela od besa:

– Izvuci taj sto, Silvio.

Oči su joj bile zelenije nego ikad, a na obrazima je imala jarkocrvene pečate. Ne obraćajući pažnju na to što joj se ivica suknje umrljala od vlage u onom ćumezu, saginjala se i skupljala stvari koje će poneti sa sobom.

Pazeći da se ne umažem mašću, ja sam rasklonio sto, u stvari umašćenu dasku postavljenu na četiri trule noge. Tu je nesrećni Bogo Istiniti pripremao svoje papazjanije.

Žena je rekla:

– Izvrni mu noge uvis.

Shvatio sam njenu zamisao. Htela je tu starudiju da pretvori u nosila. Nisam se prevario.

Bogo Istiniti metlom je počistio gomilu paučine sa donje strane stola. Pošto ga je prekrila krpom za posuđe, žena je na daske spustila beli zavežljaj, vangle pune tanjira, noževa i viljušaka, kanapom privezala primus grejač za nogu stola i kad je videla da je bezmalo sve spremno, crvena od naprezanja rekla:

– Neka to pseto ide da jede u krčmi.

Dok je ređao zavežljaje Bogo Istiniti je onako nagnut preko stola izgledao kao majmun s kapom, a ja sam, podbočivši se, brinuo odakle li će nam don Gaetano nabaviti naš mršav obrok.

– Ti hvataj spreda.

Bogo Istiniti je poslušno dohvatio ivicu daske, i ja s njim.

– Polako hodaj – surovo se razdrala žena.

Porušivši gomilu knjiga, prošli smo kraj don Gaetana.

– Nosi se, krmačo... nosi se – urlao je on.

Ona je od besa zaškripala zubima.

– Lopužo! ... Sutra će ti doći sudija – i udaljismo se uz dva preteća pokreta.

Bilo je sedam uveče i Ulica Lavalje je bila u svom najvavilonskijem izdanju. Kroz izloge se videlo da su kafane prepune gostiju; u predvorjima pozorišta i kinematografa stajali su doterani besposleni ljudi, a izlozi modnih kuća sa nogama obuvenim u tanke čarape, čarapama prebačenim preko niklovanih ruku, svi ti izlozi ortopeda i zlatara su svojom raskoši nedvosmisleno govorili o lukavosti trgovaca spremnih da ugađaju pohlepi ljudi dubokog džepa.

Prolaznici su nam se sklanjali s puta da ih slučajno ne umažemo prljavštinom koju smo nosili.

Postiđen, razmišljao sam o tome da sam nalik kakvom pikaru; a da nevolja bude veća, escajg i tanjiri besramno su zveketali i kao dobošari razglašavali sopstvenu gnusobu. Ljudi su, oduševljeni tim prizorom, zastajali da nas gledaju kako prolazimo. Ja sam sklanjao pogled od sviju, toliko sam se poniženo osećao, zajedno sa surovom debelom ženom na čelu povorke trpeo dobacivanja koja je izazivala naša pojava.

Nekoliko fijakera pratilo nas je i kočijaši nam nudili svoje usluge, ali gospa Marija se o svu viku oglušila i koračala ispred stola na čije bi noge padala svetlost kad god bismo prošli pored nekog izloga. Na kraju su kočijaši odustali od proganjanja.

Na trenutke je Bogo Istiniti preko zelenog šala okretao prema meni svoje bradato lice. Krupne graške znoja slivale su mu se niz prljave obraze i u njegovim žalosnim očima blistalo je savršeno pseće očajanje.

Na Trgu Lavalje smo se odmorili. Gospa Marija je rekla da spustimo nosila na zemlju i pažljivo pregledala teret, pritegla odeću, namestila lonce i sve ponovo uvezala napravivši čvor od četiri ruba na krpi.

Okružili su nas čistači cipela i prodavci novina. Nenametljivo prisustvo policijskog agenta spaslo nas je mogućih nedaća, i nastavili smo put. Gospa Marija uputila se kući sestre koja je stanovala na uglu ulica Kaljao i Vijamonte.

S vremena na vreme bi okrenula svoje bledo lice i pogledala me, jedva primetan osmeh bi joj razvukao beskrvne usne, rekla bi mi:

– Jesi li umoran, Silvio? – i taj osmeh bi me oslobodio sramote; bilo je to maltene milovanje od kojeg bi mi bilo lakše na srcu posle prizora njene surovosti. – Jesi li umoran, Silvio?

– Nisam, gospođo. – I ona bi, ponovo se osmehnuvši čudnim osmehom koji me je podsetio na osmeh Enrikea Irsubete kada je umakao policijskim agentima, živahno nastavila put.

Sada smo išli pustim ulicama sa prigušenim osvetljenjem, s moćnim platanima po obodu pločnika i visokim zgradama prelepih fasada sa oknima zastrtim bogatim zavesama.

Prošli smo kraj jednog otvorenog balkona.

Neki mladić i devojka razgovarali su u pomrčini; iz narandžaste dvorane dopirali su zvuci klavira.

Srce mi se steglo od zavisti i tuge.

Razmišljao sam.

Razmišljao sam o tome kako nikada neću biti poput njih... nikada neću živeti u lepoj kući niti imati verenicu iz plemstva.

Srce mi se steglo od zavisti i tuge.

– Blizu smo – rekla je žena.

Dubok uzdah napeo nam je grudi.

Kada nas je don Gaetano video kako ulazimo u njegovu špilju, digao je ruke ka nebu i veselo povikao:

– Idemo na ručak u hotel, momci!... A, šta kažeš, don Migele? Posle ćemo da prošetamo naokolo. Zatvaraj, zatvaraj vrata, mamlaze.

Čudesan detinjast osmeh izobličio je prljavo lice Boge Istinitog.

Ponekad bih noću razmišljao o lepoti kojom su pesnici umeli da dirnu svet, i iz srca bi mi se izlio bol kao što se krik izlije iz usta.

Mislio sam na veselja na koja su one odlazile, na gradske svečanosti, svečanosti drvetima obraslih mesta s bakljama sunca u cvetnim vrtovima, i sopstvena beda mi je curila kroz prste.

Više niti imam, niti nalazim reči kojima bih molio za milost.

Moja je duša jalova i ružna poput golog kolena.

Tražim pesmu koju ne mogu da nađem, pesmu puti kojoj se očajanje iznenada uselilo u telo sa hiljadu ogromnih čeljusti, sa hiljadu razjapljenih usta.

Do ušiju mi dopiru udaljeni glasovi, odsjaji vatrometa, ali ja sam ovde bez igde ikoga, moja zemlja bede stegla me je čvrsto, kao sa devet velikih zavrtanja.

Treći sprat, stan 4, Ulica Ćarkas 1600. To je bila adresa na kojoj je trebalo da predam paket s knjigama.

Neobične i jedinstvene su te raskošne zgrade sa stanovima.

Spolja, skladnim linijama metopa koje ističu raskoš zamršenih i nadmenih zabata sa širokim prozorima zaštićenim talasastim oknima, uboge đavole teraju da sanjaju o nesumnjivoj prefinjenosti raskoši i moći; iznutra, polarna tama dubokih i pustih predvorja strahom ispunjava duh ljubitelja širokog neba ovenčanog Valhalom u oblacima.

Zastao sam kod vratara, atletski građenog tipa koji je u plavoj livreji sa samozadovoljnim izrazom na licu čitao novine.

Poput Kerbera me je odmerio od glave do pete; potom, zadovoljan što se navodno uverio da nisam neki sitan lopov, sa snishodljivošću koju je mogao steći samo uz pomoć svoje gorde plave kape sa zlatnim širitom iznad oboda, dozvolio mi je da uđem, jedino mi naznačivši:

– Liftom, levo.

Kad sam izišao iz gvozdenog kaveza ušao sam u mračan hodnik s niskom tavanicom.

Blistava svetiljka širila je svoju prigušenu svetlost preko uglačanog mozaika.

Vrata naznačenog stana bila su jednokrilna, bez stakala, i po maloj okrugloj bronzanoj kvaki reklo bi se da su to vrata ogromnog čeličnog sefa.

Pokucao sam, i služavka u crnoj suknji i beloj kecelji uvela me je u prostorijicu oblepljenu plavim tapetama prošaranim bledozlatnim cvetnim motivima urme.

Kroz okna iza zavesa od markizeta prodirala je plavičasta bolnička svetlost. Klavir, drangulije, bronzu, vaze, sve sam razgledao. Iznenada je sasvim blag miris najavio njeno prisustvo; bočna vrata su se otvorila i ja sam se našao pred ženom sa licem kao u devojčice, tanke kovrdžave kose spuštene niz obraze i preko širokog dekoltea. Baršunasta kućna haljina boje višnje nije dosezala do zlatnobelih papučica.

– *Qu' y a t-il, Fanny?*
– *Quelques livres pour Monsieur...*[3]
– Treba da se plate?
– Plaćene su.
– *Qui...*
– *C'est bien. Donne le pourboire au garçon.*[4]

Služavka je sa poslužavnika uzela nekoliko novčića da mi ih da, a ja sam joj na to odvratio:

– Ni od koga ne primam napojnice.

Služavka je grubo povukla ruku, a kurtizana je shvatila moj gest, ili mi se čini da jeste, pošto je rekla:

– *Très bien, très bien, et tu ne reçois pas ceci?*[5]

I pre nego što sam uspeo da se izmaknem, ili bolje, da ga potpuno primim, žena mi je kroz smeh spustila poljubac na usta, a ja sam ostao da zurim u nju čak i kada je, smejući se kao devojčica, nestala iza odškrinutih vrata.

---

[3] – Šta se dešava, Fani? – Neke knjige za gospodina. (franc.) – *Prim. prev.*
[4] – Ko... – U redu. Daj dečku napojnicu. (franc.) – *Prim. prev.*
[5] – Vrlo dobro, vrlo dobro... A ni ovo ne primaš? – (franc.) – *Prim. prev.*

Bogo Istiniti se probudio i počinje da se oblači, to jest, da obuva čizme. Sedeći na ivici ležaja, prljav i bradat, sa dosadom se osvrće oko sebe. Ispruži ruku, dohvati kapu i natuče je do ušiju; zatim pogleda u noge, noge u grubim crvenim čarapama, a onda, zavukavši mali prst u uvo, brzo ga protrese i proizvede neprijatan zvuk. Na kraju se reši i natuče čizme; posle toga, pogrbljeno krene ka vratima sobička, vrati se, traži nešto po podu, i kad nađe opušak, podigne ga, oduva prašinu koja se nalepila i zapali. Iziđe.

Slušam ga kako vuče noge po pločicama na terasi. Mirujem. Mislim, ne, ne mislim, bolje rečeno, iz svoje unutrašnjosti primam neku slatku setu, neku patnju slađu od neizvesnosti ljubavi.

I sećam se žene koja mi je kao napojnicu dala poljubac.

Kiptim od neodređenih želja, od neodređenosti nalik magli koja mi se uvlači u biće i ono postaje gotovo vazdušasto, bezlično i krilato. Na trenutke me skroz-naskroz savlada sećanje na neki miris, na belinu grudi, i znam da bih se, kad bih se ponovo našao kraj nje, obeznanio od ljubavi; mislim kako mi ne bi bilo važno da razmišljam o tome da su je posedovali mnogi muškarci i kad bih se ponovo našao kraj nje u onoj istoj plavoj dvorani kleknuo bih na tepih i stavio joj glavu u krilo i od sreće što je imam i što je volim radio bih najgnusnije i najslađe stvari.

I kako mi se želja raspreda, zamišljam i odeću kojom će se kurtizana ulepšati, skladne šešire kojima će se pokrivati kako bi bila zavodljivija, zamišljam je kraj kreveta, u obnaženosti strašnijoj od potpune golotinje.

A pošto se želja za ženom u meni rađa polako, raščlanjujem postupke i predviđam kakva bi sreća za mene bila takva ljubav puna bogatstva i slave; zamišljam kakva bi osećanja preplavila moj organizam kad bih se preko noći, prebogat, probudio u onoj spavaćoj sobi sa svojom mladom ljubavnicom dok polunaga kraj kreveta navlači čarape, kao što sam video na slikama u poročnim knjigama.

I odjednom, celo moje telo, moje siroto telo muškarca doziva Boga Svevišnjega.

– A ja, ja, Gospode, nikada neću imati tako lepu draganu kao što je ljubavnica koju prikazuju slike u poročnim knjigama!

Osećaj gađenja počeo je da mi zagorčava život u onoj jazbini; bio sam okružen ljudima koji su samo bljuvali reči koristi ili surovosti. Zarazili su me mržnjom od koje su im se grčile gubice i bilo je trenutaka kada bih u kutiji svoje lobanje primećivao crvenu maglu koja se lagano kretala.

Jeziv umor pritiskao mi je ruke. Ponekad bih poželeo da spavam dva dana i dve noći. Imao sam osećaj da mi se duh prlja, da mi od gube kojom su me zarazili ti ljudi puca koža duha, da mi se od nje otvaraju tamne kaverne. Legao bih mahnit, budio se nem. Od očajanja su mi se širile žile, osećao sam kako mi između kostiju i kože raste sila ranije nepoznata mojim čulima. Tako sam ostajao satima, neraspoložen, bolno zanesen. Jedne večeri gospa Marija mi je ljutito naredila da očistim klozet zato što je odvratno prljav. Bez reči sam poslušao. Čini mi se da sam tražio razlog da umnožim onaj mračan cilj u sebi.

Druge noći, kad sam hteo da iziđem don Gaetano mi je smejući se spustio jednu ruku na trbuh a drugu na grudi da proveri da mu slučajno ne kradem knjige koje bih mogao sakriti na tim mestima. Nisam imao snage ni da se naljutim ni da se osmehnem. To je bilo nužno, da, to; bilo je nužno da moj život, život koji je ženski trbuh devet meseci mukotrpno odgajao, pretrpi sve uvrede, sva poniženja, sve jade.

Tako sam počeo da gluvim. Tokom nekoliko meseci uopšte nisam opažao zvuke. Britka tišina, jer tišina može dobiti čak i oblik sečiva, presecala je glasove u mojim ušima.

Nisam mislio. Razum mi je otupeo od šuplje zlobe čija se šupljina iz dana u dan sve više širila i stvrdnjavala. Tako je moja zloba postajala sve okorelija.

Dali su mi zvono, klepetušu. I bilo je zabavno, tako mi Boga, gledati vucibatinu moga stasa kako se bavi tako niskim poslom. Stajao bih na vratima špilje u vreme najveće gužve na ulici i mlatio klepetušom ne bih li prizvao ljude, ne bih li ih naterao da se osvrnu, ne bi li saznali da se tu prodaju knjige, lepe knjige... i da se oko znamenitih povesti i uzvišenih lepota treba pogađati s podmuklim čovekom ili debelom bledom ženom. A ja sam mahao klepetušom.

Mnoštvo pogleda polako me je svlačilo. Gledao sam lica žena koja više nikad neću zaboraviti. Gledao sam osmehe kako mi u lice urlaju svoj podsmeh...

Oh, tačno je da sam bio umoran... Ali, zar nije pisano: „Zarađivaćeš za hleb u znoju lica svog"?

I podove sam prao, moleći divne devojke za dozvolu da pređem krpom preko mesta koje zauzimaju njihove nožice, i odlazio u kupovinu s ogromnom korpom; služio kao potrčko... Da mi je pljunula u lice, ja bih se verovatno samo mirno obrisao nadlanicom.

Na mene se spuštala tama čije je tkanje polako postajalo sve gušće.

Iz moga sećanja izgubili su se obrisi lica koja sam voleo plačući u samoći; imao sam utisak da su moji dani razdvojeni jedan od drugog ogromnim vremenskim razmacima... i suze su mi presušile u očima.

Tada sam ponovio reči koje su ranije u mom postojanju imale neki bled smisao.

– Patićeš – govorio sam sebi – patićeš... patićeš... patićeš...

– Patićeš... patićeš...

– Patićeš... – ta reč klizila mi je preko usana. Tako sam sazrevao cele te paklene zime.

Jedne večeri, bilo je to u mesecu julu, baš u trenutku kada je don Gaetano zatvarao vratanca na metalnoj roletni, gospa Marija se setila da je u kuhinji zaboravila zavežljaj rublja koji joj je pralja donela tog popodneva. Tada je rekla:

– Hej, Silvio, dođi, da ga ponesemo.

Dok je don Gaetano palio svetlo, ja sam pošao za njom. Tačno se sećam.

Zavežljaj se nalazio nasred kuhinje, na jednoj stolici. Gospa Marija, okrenuvši mi leđa, dohvatila je okrajak čvora na zavežljaju. Ja sam, obazrevši se, video zažareno ugljevlje u ognjištu. U magnovenju sam pomislio:

– To je to... – i bez oklevanja dohvatio ugarak i bacio ga na gomilu hartije na ivici police prepune knjiga, dok je gospa Marija izlazila napolje.

Zatim je don Gaetano pritisnuo prekidač za svetlo, i našli smo se na ulici.

Gospa Marija je pogledala u zvezdano nebo.

– Lepa noć... biće mraza...

I ja sam pogledao uvis.

– Da, lepa je noć.

Dok je Bogo Istiniti spavao, ja sam sedeći na svom legalu posmatrao beli krug svetlosti koja se sa ulice kroz okrugli prozorčić utiskivala u zid.

U pomrčini sam se osmehivao oslobođen... slobodan... konačno slobodan zbog svesti o muževnosti koju sam stekao zahvaljujući prethodnom postupku. Mislio sam, tačnije, nisam mislio, nego sam nadovezivao slasti na slasti.

– Ovo je vreme za *cocottes*.

Srdačnost sveža poput čašice vina navela me je da se u tim satima bdenja osećam kao svačiji brat. Govorio sam:

– Ovo je vreme za devojke... i za pesnike... Ma, baš sam smešan... A ipak, poljubio bih ti noge.

– Živote, živote, kako si lep, živote... Ah!, ali, zar ne znaš? Ja sam momak... Radnik kod... Jeste, kod don Gaetana... A ipak, volim sve najlepše stvari na

88

kugli zemaljskoj... Voleo bih da budem lep i genijalan... da se oblačim u blistave uniforme... i da budem ćutljiv... Živote, koliko si samo lep. Živote... koliko si lep... Bože moj, koliko si lep.

Nalazio sam uživanje u tome da se lagano osmehujem. Raširenim prstima prevukao sam preko obraza u grču. I graktanje automobilskih sirena se otezalo tamo dole, u Ulici Esmeralda, poput muklog glasanja radosti.

Zatim sam nakrivio glavu ka ramenu i zatvorio oči, razmišljajući:

– Koji bi slikar naslikao zaspalog prodavca kako se osmehuje u snu zato što je zapalio lopovsku jazbinu svoga gazde?

Zatim se lako pijanstvo polako raspršilo.

Usledila je bezrazložna ozbiljnost, jedna od onih ozbiljnosti kakve u naseljenim mestima treba pokazivati kao znak dobrog ukusa. I osećao sam želju da se nasmejem svojoj neumesnoj, nadmenoj ozbiljnosti. Ali, pošto je ozbiljnost licemerna, imala je potrebu da u onom sobičku pravi komediju „savesti", pa sam rekao sebi:

– Optuženi... Vi ste obično đubre... palikuća. Imate teret griže savesti za ceo život. Ispitivaće vas policija i sudije i đavo... Uozbiljite se, optuženi... Kako ne shvatate da morate biti ozbiljni... pošto ćete glavačke u zatvor.

Ali, moja mi ozbiljnost nije bila ubedljiva. Zvečala je kao prazna limena kofa.

Ne, ni tu mistifikaciju nisam ozbiljno mogao da prihvatim. Sada sam bio slobodan čovek, a kakve veze imaju društvo i sloboda? Sada sam bio slobo-

dan, mogao sam da radim šta god poželim... Čak i
da se ubijem ako hoću... Ali to bi bilo smešno... A
ja... ja sam imao potrebu da učinim nešto izvanred-
no ozbiljno, prelepo ozbiljno: da obožavam život. I
ponavljao sam:
– Da, Živote... Lep si, Živote... Znaš? Od sad pa
ubuduće, obožavaću sve lepe stvari na Zemlji... na-
ravno... Obožavaću drveće, i kuće i nebo... Obožava-
ću sve što je u tebi... Uostalom... reci mi, Živote,
zar nije tačno da sam ja pametan dečko? Da li si
upoznao nekoga kao što sam ja?
Onda sam zaspao.

U knjižaru je tog jutra prvi ušao don Gaetano. Ja
sam išao za njim. Sve je stajalo onako kako smo ga
ostavili. Vazduh se malo osećao na memlu, a u dnu
je na kožnim hrbatima knjiga stajala mrlja sunca što
se probijalo kroz prozorčić na tavanici.
Pošao sam u kuhinju. Žeravica se bila ugasila, još
vlažna od barice koju je Bogo Istiniti napravio dok
je prao sudove.
I bio je to poslednji dan koji sam proveo na tom
poslu.

TREĆE POGLAVLJE

Besomučna igračka

Kada sam oprao sudove, zatvorio vrata i otvorio kapke, legao sam u krevet, pošto je bilo hladno. Preko ograde od opeke sunce je iskosa bacalo crvenu svetlost na cigle. Majka je šila u drugoj sobi, a sestra učila. Spremao sam se da čitam. Na stolici kraj uzglavlja držao sam sledeća dela:

Devicu i majku Luja de Vala, Baijinu *Elektrotehniku* i Ničeovog *Antihrista. Devicu i majku*, četiri toma od po 1800 stranica svaki, bila mi je pozajmila susetka peglerka.

Već komotno izvaljen, s nezadovoljstvom sam razgledao *Devicu i majku.*

Očigledno, danas nisam bio raspoložen za čitanje straobalne romančuge, pa sam odlučno uzeo *Elektrotehniku* i počeo da proučavam teoriju kružnog magnetnog polja.

Čitao sam polako i sa zadovoljstvom. Razmišljao sam, polako shvatajući složeno objašnjenje povodom višefaznih struja.

– Ako čovek može da uživa u raznovrsnim lepotama, to je znak je univerzalne inteligencije – a imena Feranti i Simens Halske[6] skladno su odjekivala u mojim ušima.

Mislio sam:

– I ja bih jednoga dana na nekom kongresu inženjera mogao reći: „Da, gospodo... elektromagnetne struje koje stvara sunce mogu biti korišćene i kondenzovane.“ Kakvo čudo, prvo kondenzovane, pa onda iskorišćene! – dođavola, kako se mogu kondenzovati elektromagnetne struje sunca?

Iz vesti o nauci koje su se pojavljivale u raznim novinama saznao sam da je Tesla, mag elektriciteta, izumeo kondenzator groma.

Tako sam sanjao do mraka, kada sam u susednoj sobi čuo glas gospođe Rebeke Najdat, prijateljice moje majke.

– Zdravo! Kako ste, frau Drodman? Kako je moja ćerkica?

Podigao sam glavu s knjige i oslušnuo.

Gospođa Rebeka bila je jevrejskog zakona. Imala je sitnu dušu, kao što joj je i telo bilo sitno. Hodala je kao foka i imala oko sokolovo... mrzeo sam je zbog izvesnih neprijatnosti koje mi je priredila.

– Silvio nije tu? Moram da razgovaram s njim.

Za tili čas sam se stvorio u drugoj sobi.

– Zdravo. Kako ste, frau, šta ima novo?

---

[6] Sebastijan Cijani de Feranti (1864–1930) britanski elektroinženjer koji je ser Vilijamu Simensu pomogao u istraživanjima električnih peći i dinama.
Ser Vilijam Simens (1823–1883) britanski inženjer i pronalazač nemačkog porekla čiji su pronalasci veoma značajni za razvoj industrije čelika i telegrafa. Simens i Halske je preduzeće koje je u Berlinu imao njegov brat Verner i koje je radilo na razvoju i proizvodnji telegrafa. – *Prim. prev.*

– Razumeš se u mehaniku?

– Naravno... Nešto znam. Mama, zar joj niste pokazali Rikaldonijevo pismo?

Odista, Rikaldoni mi je čestitao na nekim besmislenim mehaničkim kombinacijama koje sam smislio u časovima dokolice.

Gospođa Rebeka je rekla:

– Jesam, videla sam. Drži – i pružajući mi novine na čijoj je stranici njen prst s prljavštinom ispod nokta pokazivao oglas, dodala je: – Muž mi je rekao da dođem da ti kažem. Čitaj.

Podbočila se i isprsila okrenuta meni. Nosila je crni šeširić čija je očerupana peruška jadno visila. Crnim zenicama podsmešljivo je proučavala moje lice i s vremena na vreme bi, odmakavši šaku od boka, prstima počešala povijeni nos.

Pročitao sam:

„Potrebni šegrti za avio-mehaničare. Obratiti se Vojnoj školi Avijacije. Palomar de Kaseros.“

– Da, sedneš na voz za La Paternal, kažeš kondukteru da treba da siđeš kod La Paternala, presedneš na 88. Vozi te do samih vrata.

– Da, idi još dans, Silvio, bolje je – rekla mi je majka osmehujući se puna nade. – Stavi plavu kravatu. Ispeglana je i prišila sam joj postavu.

U jednom skoku sam se vratio u svoju sobu i dok sam se oblačio, slušao sam Jevrejku kako žalostivim glasom priča o svađi s mužem.

– Zamislite samo, frau Drodman! Došao je pijan, baš dobro pijan. Maksimito nije bio tu, bio je otišao u Kilmes zbog nekog molerskog posla. Ja sam bila u kuhinji, iziđem napolje, a on mi kaže, i sve ovako pesnicom zamahuje na mene:

„Jelo, brzo... A ono đubre od tvog sina, što nije došao na gradilište?" Kakav život, frau, kakav život... A ja, trči u kuhinju i brzo pali gas. Pomislim, ako naiđe Maksimito, napraviće se dar-mar, i samo drhtim, frau. Bože moj! Brzo mu donesem tiganj sa džigericom i jajima prženim na maslacu. Pošto ne voli ulje. I gledam ga, frau, ovako razrogačio oči, namrštio se i kaže:

„Kučko, ovo su ti mućkovi", a jaja sveža. Kakav život, frau, kakav život...! Ceo krevet u jajima i maslacu. Otrčim do vrata, a on ti ustane, uzima tanjir po tanjir i baca na pod. Kakav život. Čak i onu divnu činiju, sećate se, frau? Čak je i onu divnu činiju polupao. Ja se uplašim i pobegnem, a on dođe i bum, bum, iz sve snage se bije pesnicama u grudi... kakva grozota, i dovikuje mi stvari koje mi nikad, frau, ama nikad nije vikao: „Krmačo, ruke ću u tvojoj krvi oprati!"

Čulo se kako gospođa Najdat duboko uzdiše. Nevolje te žene su me zabavljale. Dok sam vezivao čvor na kravati, uz osmeh sam zamišljao onog grmalja od njenog muža, sedokosog Poljaka s nosem kao u kakadua, kako se dere na gospa Rebeku.

Gospodin Hosijas Najdat bio je Jevrejin velikodušniji nego neki hetman iz vremena Sobjeskog[7]. Čudan čovek. Mrzeo je Jevreje do iznemoglosti, i njegov groteskni antisemitizam ispoljavao svojim

---

[7] Jan Sobjeski, poljski izborni kralj (1694–1696). Hetman je poljska vojna titula komandanta vojnih snaga u kraljevom odsustvu. – *Prim. prev.*

koliko čudesnim toliko i opscenim rečnikom. Naravno, njegova mržnja bila je kolektivna.

Prijatelji špekulanti prevarili su ga mnogo puta, ali on nikako nije hteo da poveruje u to i kod kuće su se, na očaj gospođe Rebeke, uvek mogli naći debeli i pustolovni nemački doseljenici bednog izgleda koji su za stolom do mile volje jeli kiseo kupus s kobasicama i grohotom se smejali, sevajući svojim bezizražajnim plavim okicama.

Jevrejin ih je štitio dok ne bi našli posao, služeći se vezama koje je imao kao moler i slobodni zidar. Neki bi ga opljačkali; jedna lopuža preko noći je nestala iz kuće koju su renovirali odnevši merdevine, daske i farbu.

Kad je gospodin Najdat saznao da je noćni čuvar, njegov štićenik, tako otišao, digao je larmu do nebesa. Ličio je na razjarenog boga Tora... ali ništa nije učinio.

Njegova žena bila je prototip škrte Jevrejke, zelenašice.

Sećam se, kada je moja sestra bila mlađa, jednom je otišla njenoj kući u posetu. Bezazleno se divila nekom lepom drvetu šljive punom zrelog voća, i, kao što je i logično, voće joj se prijelo, i ona je stidljivim rečima zatražila.

Tada ju je gospođa Rebeka prekorela:

– Ćero... Ako ti se jedu šljive, možeš na pijaci da kupiš koliko god hoćeš.

– Poslužite se čajem, gospođo Najdat.
Jevrejka je žalostivo nastavila priču:

– Posle je urlao na mene, i ceo komšiluk je čuo, frau; vikao mi je: „Ćerko jevrejskog kasapina, krmačo jevrejska, samo svog sina štitiš." Kao da on nije Jevrejin, i kao da Maksimito nije njegov sin.

Odista, gospođa Najdat i onaj klipan Maksimito umeli su divno da šuruju i da varaju slobodnog masona i izvlače mu novac koji su trošili na gluposti, a gospodin Najdat je znao za to saučesništvo i na sam pomen svega toga hteo iz kože da iskoči.

Maksimito, uzrok tolikog gloženja, bio je klipeta od dvadeset i osam godina koji se stideo toga što je Jevrejin i što je po profesiji moler.

Ne bi li prikrio da je radnik oblačio se kao gospodin, nosio naočare, i uveče, pred spavanje, mazao ruke glicerinom.

Od njegovih nevaljalstava meni su bila poznata neka izuzetno zabavna.

Jednom je krišom naplatio novac koji je neki gostioničar dugovao njegovom ocu. Tada je imao dvadesetak godina i osećajući da je nadaren za muziku, tu sumu uložio je u veličanstvenu harfu obojenu u zlatno. Maksimito je objasnio, kako mu je majka predložila, da je zaradio neki pezos na lutriji, i gospodin Najdat nije rekao ništa, ali je podozrivo zagledao harfu dok su krivci drhtali kao Adam i Eva u raju kad ih je Jehova prostrelio pogledom.

Prolazili su dani. U međuvremenu, Maksimito je svirao na harfi i stara Jevrejka je uživala. Dešavaju se takve stvari. Gospođa Rebeka je svojim prijateljima govorila da je Maksimito izuzetno obdaren za harfistu i ljudi su, pošto bi se malo divili harfi koja je stajala u uglu u trpezariji, govorili da tako i jeste.

Međutim, uprkos svoj velikodušnosti gospodin Hosijas je ponekad umeo da bude i mudar, i ubrzo je saznao kakvom se prevarom se uzvišeni Maksimito poslužio da bi se domogao harfe.

U tim okolnostima je gospodin Najdat, koji je bio zastrašujuće snažan, bio na visini prilika, i kao što preporučuje Solomon, govorio malo a delao mnogo.

Bila je subota, ali gospodin Hosijas nije davao ni pišljivog boba na Mojsijeve propise i za početak je ženu dvaput ritnuo u zadnjicu, ščepao Maksimita za gušu, i pošto je s njega otresao prašinu izveo ga pred kućna vrata, i na glave suseda u košuljama, koje je taj metež beskrajno zabavljalo s trpezarijskog prozora zavitlao harfu.

Takve stvari unose radost u život, i zato su ljudi za Jevrejina govorili:

– Ah, gos'n Najdat je... dobar čovek.

Kad sam se nalickao, izišao sam.

– Dobro, doviđenja, frau, pozdravite supruga i Maksimita.

– Nećeš da se zahvališ? – prekinula me je majka.

– Već sam se zahvalio.

Jevrejka je podigla svoje zavidljive okice sa komada hleba namazanog maslacem i slabašno mi stisnula ruku. Već je u njoj nicala želja da vidi kako propadam u svojim pokušajima.

Kada sam stigao u Palomar smrkavalo se.

Dok sam se raspitivao za njega, starac koji je pušio sedeći na nekom zavežljaju ispod zelenog stanič-nog fenjera mi je, trošeći pokrete što je manje moguće, pokazao put kroz pomrčinu.

Shvatio sam da sam se namerio na čoveka koji je našao svoj mir; nisam hteo da zloupotrebljavam njegovu škrtost na rečima nego sam mu se, znajući gotovo isto onoliko koliko i pre nego što sam ga pitao, zahvalio i pošao dalje.

Tada mi je starac doviknuo:

– Je l'te, dečko, da nemate deset centava?

Pomislio sam da mu ne udelim ništa, ali pošto sam brzo razmislio, rekao sam u sebi da bi Bog, ako postoji, mogao da mi pomogne u mom poduhvatu onako kako ću ja da pomognem starcu, i ne bez potajnog žaljenja priđoh da mu ostavim neki novčić.

Tada je adrapovac postao rečitiji. Ustao je sa zavežljaja i drhtavom rukom ispruženom ka tami pokazao:

– Vidite, dečko... produžite pravo, pravo, i s leve strane je kazino za oficire.

Koračao sam.

Vetar je ljuljao rasušeno lišće eukaliptusa i zavijao i zviždao razbijajući se o debla i visoke direke telegrafa.

Blatnjavim putem, držeći se žice na ogradama, žureći kada bi tvrdoća terena to dozvoljavala, stigao sam do zgrade za koju je starac rekao da se nalazi s leve strane i nazvao je kazino.

Neodlučno sam zastao. Da pokucam? Iza stepeništa na vili kraj vrata nije bilo vojnika na straži.

Popeo sam se uz tri stepenika i smelo – tako sam tada mislio – ušao u tesan hodnik od drveta, od kojeg je bila sačinjena cela građevina, i zaustavio se pred vratima dugačke prostorije na čijoj se sredini nalazio sto.

Oko stola trojica oficira, jedan se izvalio na sofi kraj stola za posluživanje, drugi se nalaktio na sto, a treći podigao noge pošto je naslon stolice prislonio uza zid, i bezvoljno razgovaraju pred pet boca različitih boja.

– Šta želite?

– Došao sam zbog oglasa, gospodine.

– Slobodna mesta su već popunjena.

Primetio sam, savršeno mirno, s vedrinom koja mi je dolazila od slabe sreće:

– Dođavola, kakva šteta, pošto sam napola pronalazač, baš bih bio u svojoj sredini.

– A šta ste to pronašli? Ma, uđite, sedite – obratio mi se kapetan uspravivši se na sofi.

Hladnokrvno sam odgovorio:

– Automatski pokazivač zvezda padalica, i mašinu koja štamparskim slovima ispisuje ono što joj se diktira. Ovde imam čestitku koju mi je uputio fizičar Rikaldoni.

To je trojici oficira koji su se dosađivali svakako bilo zanimljivo, i odjednom sam shvatio da sam privukao njihovu pažnju.

– Da vidimo, sedite – rekao mi je jedan od poručnika ispitujući moju priliku od glave do pete. – Objasnite nam svoje čuvene izume. Kako se zvahu?

– Automatski pokazivač zvezda padalica, gospodine oficire.

Naslonio sam se rukama na sto i pogledom koji mi se učinio pronicljiv zagledao se u lica grubih crta i ispitivačkih očiju, tri lica prekaljenih krotitelja ljudi, koja su me posmatrala napola radoznalo, a napola podsmešljivo. I u tom trenutku, pre nego što sam progovorio, setio sam se junaka mojih omiljenih knjiga i lica Rokambola, Rokambola s velikom kapom sa gumenim obodom i lupeškim osmehom na iskrivljenim ustima prominulo mi je pred očima podstakavši me da budem otresit i da se držim junački.

Ohrabren, savršeno ubeđen da neću napraviti grešku, rekao sam:

– Gospodo oficiri: verovatno znate da selen provodi električnu struju kada se osvetli; u mraku se ponaša kao izolator. Pokazivač bi se sastojao od samo jedne ćelije selena priključene na elektromagnet. Prolazak zvezde kroz mrežicu od selena bio bi prikazan određenim znakom, pošto bi svetlost meteora, kada se koncentriše kroz konkavno sočivo, selen dovela u stanje provodnika.

– U redu. A pisaća mašina?

– Teorija je sledeća. U telefonu se zvuk pretvara u elektromagnetni talas.

„Ako galvanometrom izmerimo tangentni električni intenzitet koji proizvede svaki samoglasnik i suglasnik, možemo da izračunamo broj ampernih zavojaka neophodnih da proizvedemo magnetnu tastaturu na kojoj će svaka dirka reagovati na intenzitet struje nekog glasa.“

Poručnik je nabrao veđe.

– Zamisao nije loša, ali niste vodili računa o tome koliko je teško da se naprave elektromagneti koji bi reagovali na tako sićušne električne promene, a da i ne pominjemo varijacije u boji glasa, i ostatak magnetizma; druga vrlo ozbiljna i možda najveća teškoća jeste na koji način bi se struje same od sebe usmerile ka odgovarajućim elektromagnetima. Nego, imate li kod sebe Rikaldonijevo pismo?

Poručnik se nadneo nad njim; pošto ga je pružio nekom od ostalih oficira, rekao mi je:

– Jeste li videli? I Rikaldoni ukazuje na iste teškoće koje sam i ja uočio. Ideja vam je u načelu vrlo zanimljiva. Poznajem Rikaldonija. Bio mi je profesor. Mudar čovek.

– Jeste, onizak, debeo, prilično debeo.

– Hoćete čašicu vermuta? – ponudio me je kapetan uz osmeh.

– Najlepše zahvaljujem, gospodine, ne pijem.

– A razumete li se malo u mehaniku?

– Malo. Kinematika... Dinamika... Motori na paru i na sagorevanje; razumem se i u motore na gasolin. Osim toga, proučavao sam hemiju i eksplozive, to je vrlo zanimljiva stvar.

– Takođe. A šta znate o eksplozivima?

– Samo me pitajte – odvratio sam uz osmeh.

– Dobro, da vidimo, šta su to fulminati?

Ovo je već počinjalo da liči na ispit, pa sam zauzeo stav erudite i odgovorio:

– Kapetan Kendil u *Rečniku eksploziva* kaže da su fulminati metalne soli hipotetične kiseline zvane fulminat vodonika. I mogu da budu prosti ili dvojni.

– Da vidimo, da vidimo: dvojni fulminat.

– Bakarni, što su zeleni kristali koji nastaju tokom ključanja fulminat žive, koji je prost, s vodom i bakrom.

– Neverovatno šta sve zna ovaj momak. Koliko vam je godina?

– Šesnaest godina, gospodine.

– Šesnaest godina?

– Vidite li vi to, kapetane? Ovaj mladić ima sjajnu budućnost. Šta mislite da razgovaramo s kapetanom Markesom? Bila bi šteta kad ne bi bio primljen.

– Neusmnjivo – i oficir inžinjerac mi se obrati.

– Ali, gde ste, dođavola, učili sve te stvari?

– Svuda, gospodine. Na primer: idem ulicom i u nekoj mehaničarskoj radionici vidim mašinu koju ne poznajem. Stanem, i govorim sebi proučavajući različite delove koje posmatram: ovo mora biti da radi tako i tako, i mora biti da služi za to i to. Pošto izvučem svoje zaključke, uđem u radnju i pitam, i verujte mi, gospodine, retko kad pogrešim. Osim toga, imam pristojnu biblioteku, i ako ne proučavam mehaniku, proučavam književnost.

– Kako – prekide me kapetan – i književnost?

– Jeste, gospodine, imam najbolje pisce: Bodlera, Dostojevskog, Barohu.

– Ma, da ovaj nije anarhista?

– Nisam, gospodine kapetane. Nisam anarhista. Ali, volim da učim, da čitam.

– A šta vaš otac misli o svemu tome?

– Moj se otac ubio kad sam bio sasvim mali.

Odjednom su ućutali. Pogledavši me, trojica oficira su se zgledala.

Napolju je fijukao vetar, a na mom čelu se još dublje urezao znak pažnje.

Kapetan je ustao, i ja sam učinio isto.

– Čujte, mladi moj prijatelju, čestitam, dođite sutra. Večeras ću pokušati da se vidim s kapetanom Markesom, pošto vi to zaslužujete. To je ono što je potrebno argentinskoj vojsci. Mladići koji žele da uče.

– Hvala, gospodine.

– Sutra, ako hoćete da se vidimo, primiću vas s najvećim zadovoljstvom. Tražite kapetana Bosija.

Uozbiljivši se od silne radosti, oprostio sam se. Sad sam išao kroz tamu, preskakao žičanu ogradu, sav uzdrhtao od zvučne hrabrosti.

Više nego ikad potvrdilo se moje ubeđenje da će se u mom postojanju ispuniti neka velelepna sudbina. Mogao bih postati inženjer poput Edisona, ili general poput Napoleona, ili pesnik poput Bodlera, ili đavo poput Rokambola.

Sedma radost. Zarad hvalospeva ljudi, uživao sam u tako izvanrednim noćima da mi je krv od silnog veselja navalila u srce, i mislio sam da na ramenima celog naroda mojih radosti prolazim putevima zemaljskim, nalik simbolu mladosti.

Mislim da je bilo izabrano nas trideset aviomehaničarskih šegrta između dve stotine kandidata.

Bilo je sivo jutro. Polje se pružalo u daljinu, negostoljubivo. Iz njegovog zeleno-sivog prostiranja izbijala je neka bezimena kazna.

U pratnji narednika prolazili smo pored zatvorenih hangara, i u kasarni smo obukli radnu odeću.

Sipila je kišica, a uprkos tome kaplar nas je odveo da radimo gimnastiku na ledini iza kantine.

Nije bilo teško. Pokoravajući se zapovedničkim glasovima, puštao sam da u mene ulazi ravnodušni produžetak ravnice. To je hipnotisalo organizam i ostavljalo po strani muku i jad.

Mislio sam:

– Kad bi me ona sad videla, šta bi rekla?

Nežno poput senke preko zida obasjanog mesečinom ona je prošla cela, i u dalekom smiraju dana video sam žalostivo lice devojke nepomične kraj crne topole.

– Hoćeš li se maknuti, regrute – razdrao se kaplar na mene.

U vreme obeda, šljapkajući po blatu, prilazili bismo smrdljivim loncima sa hranom. Pod kazanima su se pušila zelena drva.

Tiskajući se, pružali smo kuvaru limene tanjire.

Čovek je kutlačom zahvatao bućkuriš, trozubom viljuškom vadio iz drugog lonca, a mi bismo na kraju otišli da sve to pojedemo.

Dok sam jeo, setio sam se don Gaetana i surove žene. I mada to nije bilo previše davno, činilo mi se da ogromna vremenska razdoblja stoje između moje ćutljive jučerašnjice i kolebljive današnjice.

Pomislio sam:

– Sad kad se sve promenilo, ko sam ja u ovoj širokoj uniformi?

Sedeći kraj konjušnice gledao sam kako kiša pada i prestaje i s tanjirom na kolenima nisam mogao da odvojim oka od luka horizonta, u nekim delovima olujnog, u drugim glatkog poput metalne trake i tako nemilosrdno riđim da je hladnoća iz visina prodirala do kostiju.

Neki šegrti su se, okupljeni u konjušnici, smejali, a drugi se nadneli nad pojilo za konje i prali noge.

Rekao sam sebi:

– I takav je život, čovek stalno žali za onim što je bilo. Koliko su se samo polako slivali konci vode. I takav je život. Spustio sam tanjir na zemlju i samo još mračnije utonuo u misli mučen tim brigama.

Da li ću se ikada izvući iz ovog sasvim beznačajnog društvenog položaja, hoću li jednoga dana moći da budem gospodin, da više ne budem dečko koji se nudi za bilo kakav posao?

Prošao je neki poručnik, i ja sam zauzeo vojnički stav... Zatim sam se strovalio u ćošak i moja muka postala je dublja.

U budućnosti, neću li i ja biti jedan od onih ljudi što nose prljave okovratnike, krpljene košulje, odelo boje vina i ogromne čizme, zato što su mu se na stopalima napravili žuljevi i plikovi od silnog hodanja, od silnog hodanja od vrata do vrata i traženja posla kojim će zaraditi za život?

Duša mi je zadrhtala. Šta da se radi, šta bi čovek mogao učiniti da bi odneo pobedu, da bi imao novca, mnogo novca? Zacelo neću naći novčanik sa deset hiljada pezosa na ulici. Šta onda da se radi? A ne znam ni da li bih bio kadar da nekoga ubijem; kad bih barem imao nekog rođaka, bogatog, koga bih mogao ubiti i dati sebi odgovor; shvatio sam da se nikad ne bih mogao pomiriti s mukotrpnim životom kakav prirodno trpi većina ljudi.

Odjendom se u mojoj svesti tako očigledno javila izvesnost da će me ta čežnja za isticanjem pratiti na ovom svetu, da sam sebi rekao:

– Nije mi važno da imam odelo, ni pare, niti bilo šta – i gotovo sa stidom sam priznao sebi:

– U stvari želim da mi se dive, da me hvale. Šta mi je važno hoću li postati običan gad! To mi nije važno... Ali voditi beznačajan život... Biti zaboravljen posle smrti, to je zaista užasno. Ah, kad bi moji izumi dali rezultate! Međutim, jednoga dana ću umreti, a vozovi će nastaviti da putuju, i ljudi će ići u pozorište kao i uvek, a ja ću biti mrtav, sasvim mrtav... mrtav za ceo život.

Obuzela me je jeza od koje su mi se nakostrešile dlake na rukama. Pred horizontom kojim su prolazili brodovi od oblaka ubeđenje da me čeka večna smrt ledila mi je meso. Žurno sam dohvatio tanjir i otišao do pojila.

Ah, kad bi se moglo otkriti nešto da čovek nikad ne umre, da poživi makar petsto godina!

Pozvao me je kaplar koji je komandovao obukom:

– Odmah, prvi kaplare.

Tokom vežbe sam preko poručnika zamolio kapetana Markesa za dozvolu da se obratim u nameri da ga zamolim za savet oko nekog rovovskog merzera koji sam zamislio, koji bi ispaljivao projektile kadre da unište veći broj ljudi nego šrapneli sa svim njihovim eksplozivom.

Pošto je dobro znao šta je moj poziv, kapetan Markes bi me obično saslušao, i dok bih ja govorio i po tabli crtao sheme, on bi me iza stakala svojih naočara posmatrao osmehujući se radoznalo, podsmešljivo i snishodljivo.

Strpao sam tanjir u vojničku torbicu i brzo se uputio oficirskom kazinu.

Sad sam bio u njegovoj sobi. Uza zid, poljski krevet, polica sa časopisima i kursevima iz vojnih nauka, i na zidu okačena crna tabla s kutijicom punom krede prikovanom za ugao.

Kapetan mi reče:

– Da vidimo, da vidimo kakav je taj rovovski top. Nacrtajte ga.

Uzeo sam kredu i napravio kroki.

Počeo sam:

– Kapetane, znate da su nedostaci velikih kalibara težina i veličina oruđa.

– Dobro, i...

– Izmislio sam ovakav top: zrno velikog kalibra bilo bi bušno u sredini i umesto da se ubacuje u cev topa, navlačio bi se na gvozdenu šipku, kao prsten na prst, i tako bi se ubacivalo u komoru u kojoj bi naboj eksplodirao. Prednost mog sistema je u tome što bi se bez povećavanja težine topa ogromno povećao kalibar zrna i eksplozivno punjenje koje ono može da nosi.

– Shvatam... U redu... Ali, morate znati sledeće: u zavisnosti od kalibra zrna, njegove težine i i vrste baruta izračunava se debljina, prečnik i dužina topovske cevi. Hoću da kažem, dok se barut pali, zrno pod potiskom gasova prolazi kroz cev i kad stigne do otvora, eksploziv je pružio maksimum energije.

U vašem izumu dešava se potpuno suprotno. Dolazi do eksplozije i zrno klizi niz šipku, a gasovi, umesto da ga i dalje potiskuju, gube se u vazduhu, to jest, ako eksplozija treba da nastavi da deluje još sekund vremena, vi delovanje svodite na deseti ili na hiljaditi deo. Baš suprotno. Što je veći prečnik, manje je stalno ubrzanje, veći otpor, osim ako niste otkrili neku novu balistiku, što je donekle teško.

I završio je dodavši:

– Morate da učite, mnogo da učite, ako hoćete nešto da postignete.

Mislio sam, ne usuđujući se da kažem:

– Kako da učim, kad moram da učim zanat i zarađujem za život.

Nastavio je:

– Dobro proučite matematiku; nedostaje vam osnova, treba da disciplinujete misao, da je primenite na sitne praktične stvari, tada biste mogli imati uspeha u svojim inicijativama.

– Mislite, kapetane moj?

– Mislim, Astijer. Imate neosporne sposobnosti, ali treba da učite. Ako umete da mislite, verujete da ste već sve uradili, ali misliti je samo početak.

Izišao sam odande drhteći od zahvalnosti prema tom čoveku koga sam poznavao kao ozbiljnog i melanholičnog, a koji je uprkos vojničkoj disciplini imao toliko milosrđa da bi mi dao podstrek.

Bilo je dva popodne četvrtog dana po mom dolasku u Vojnu školu Aviacije.

Pio sam čaj od matea u društvu nekog riđeg dečka po prezimenu Valter, koji mi je s dirljivim oduševljenjem pričao o salašu koji je njegov otac, Nemac, imao u okolini Asula.

Riđokosi je govorio ustima punim hleba:

– Svake zime zakoljemo po tri svinje za kuću. Ostale prodajemo. Tako ja popodne, kad je hladno, uđem i odsečem komad hleba, a zatim fordom krenem kroz...

– Drodmane, dođite ovamo – doviknuo mi je narednik. Stajao je pred konjušnicom i neobično strogo me gledao.

– Na vašu zapovest, naredniče.

– Obucite civilno odelo i predajte uniformu, otpušteni ste.

Pažljivo sam ga pogledao.

– Otpušten?

– Da, otpušteni.

– Otpušten, moj naredniče? – sav sam drhtao dok sam to izgovarao. Podoficir me je sažaljivo gledao. Bio je provincijalac pristojnih manira, i pre svega nekoliko dana bio je dobio avijatičarsku legitimaciju.

– Ali, nisam napravio nikakav prestup, naredniče, dobro znate.

– Naravno da znam... Ali šta da vam radim... zapovest kapetana Markesa.

– Kapetana Markesa? Ali, to je besmisleno... Kapetan Markes nije mogao izdati takvu zapovest... Da nije neka greška?

– Tako je, tačno su mi rekli Silvio Drodman Astijer... Ovde nema drugog Drodmana Astijera osim vas, čini mi se, zar ne? Znači, to ste vi, nema sumnje.

– Ali, to je nepravda, naredniče.

Čovek se namršti i tiho mi se poveri:

– Šta biste hteli da uradim? Razume se da nije u redu... Mislim... Ne, ne znam... Čini mi se da kapetan ima nekoga koga su mu preporučili... Tako su mi rekli, ne znam da li je istina, a pošto vi još niste potpisali ugovor, naravno, sklanjaju i stavljaju koga hoće. Da postoji potpisan ugovor to ne bi bilo moguće, ali pošto nije potpisan, čovek mora da ćuti i da trpi.

Rekao sam preklinjući:

– A vi, moj naredniče, ništa ne možete da uradite?

– A šta biste hteli da uradim, prijatelju? Šta biste hteli da uradim? Ma, ja sam isti kao i vi; svašta može da se desi.

Čovek se bio sažalio na mene.

Zahvalio sam mu i otišao sa suzama u očima.

– Zapovest je izdao kapetan Markes.

– I ne mogu da ga vidim?

– Kapetan nije tu.

– A kapetan Bosi?

– Ni kapetan Bosi nije tu.

Duž puta, zimsko sunce je sumornim rumenilom bojilo debla eukaliptusa.

Pešice sam pošao ka stanici.

Odjednom sam na stazi ugledao direktora škole.

Bio je to zdepast čovek bucmastog crvenog lica poput lica ratara. Ogrtač na ramenima lepršao mu je na vetru dok je prelistavajući neku svesku kratko odgovarao grupi oficira koji su ga bili okružili.

Mora biti da mu je neko ispričao šta se desilo, pošto je potpukovnik podigao glavu sa papira, potražio me pogledom, i kad me je našao, doviknuo mi gromkim glasom:

– Čujte, prijatelju, kapetan Markes mi vas je pominjao. Vama je mesto u industrijskoj školi. Ovde nam nisu potrebni inteligentni ljudi, nego tupani, da dirinče.

Sada sam išao ulicama Buenos Ajresa noseći one povike utisnute u dušu.

– Kad mama čuje!

Nehotice sam je zamišljao kako umorno kaže:

– Silvio... pa ti baš nemaš milosti prema nama... Ne radiš... Ništa nećeš da učiniš. Pogledaj kakve čizme nosim, pogledaj Liline haljine, sve zakrpa do zakrpe, šta ti misliš, Silvio, zašto ne radiš?

Grozničava vrelina pela mi se u slepoočnice; osećao sam da zaudaram na znoj, imao utisak da mi je lice ogrubelo od muke, izobličilo se od bola, od preduboke muke koja je urlala na sav glas.

Tumarao sam rasejano, besciljno. Na trenutke su mi naleti besa napinjali živce, hteo sam da urlam, da se pesnicama borim protiv zastrašujuće gluvog grada... I odjednom se sve u meni slomilo, sve mi je u uši vikalo da sam potpuno nekoristan.

– Šta će sa mnom biti?

U tom trenutku mi je telo pritiskalo dušu poput prevelikog nakvašenog odela.

Sad, kad budem otišao kući, mamam mi možda ništa neće reći. Žalosnim pokretom otvoriće žuti sanduk, izvući dušek, prekriti ga na krevetu čistim čaršavima i neće reći ništa. Lila će me ćutke gledati kao da mi prebacuje.

– Šta si to uradio, Silvio? – i ništa više neće dodati.

– Šta će biti sa mnom?

Ah, treba upoznati jade ovog smrdljivog života, jesti džigericu kakva se u kasapnici traži za mačku, i legati rano da se ne bi trošio petrolej za lampu!

Ponovo mi se javilo mamino lice, sve naborano od davnašnjih jada; pomislio sam na sestru koja nikad nije izgovorila nijednu reč nezadovoljstva, i pokoravajući se gorkoj sudbi okapavala nad udžbenicima, i duša mi je kliznula kroz ruke. Osećao sam kako me nešto tera da zaustavljam prolaznike, da ih hvatam za rukav i da im govorim: Izbacili su me iz vojske na pravdi Boga, shvatate li? Mislio sam da mogu da radim... Da radim na motorima, da gradim aeroplane... A izbacili su me tek tako... na pravdi Boga.

Govorio sam sebi:

– Lila, ah, ne poznajete vi nju, Lila je moja sestra; mislio sam da ćemo moći da odlazimo u kinematograf; umesto da jedemo džigericu, da jedemo čorbu od povrća, da izlazimo nedeljom, da je vodim u Palermo. Ali sad... Zar to nije nepravda, recite sami, zar nije nepravda?...

Nisam dete. Imam šesnaest godina, zašto me izbacuju? Hteo sam da radim barabar sa svima, a sad... Šta će mama da kaže? Šta će Lila da kaže? Ah, da je samo znate. Ozbiljna je: u Normalnoj školi dobija najbolje ocene. Uz ono što bih ja zarađivao, u kući bi se bolje jelo. A sad, šta da radim?...

Već po mraku, u Ulici Lavalje, u blizini Palate pravde, zastao sam pred plakatom:

NAMEŠTENE SOBE
ZA JEDAN PEZOS

Ušao sam u ulaz slabo osvetljen električnom svetiljkom i u drvenoj kućepaziteljskoj kućici platio najamninu. Gazda, debeo čovek samo u košulji uprkos

hladnoći, odveo me je u dvorište puno zeleno obo-
jenih saksija, i pokazujući momku na mene, dovik-
nuo:

— Felikse, ovaj u broj 24.

Pogledao sam naviše. Dvorište je bilo dno kace
čije su strane tvorili zidovi od pet spratova soba sa
prozorima zastrvenim zavesama. Kroz neka okna
videli su se osvetljeni zidovi, drugi su bili mračni i ne
znam odakle je dopirao žamor žena, prigušen smeh
i lupa šerpi.

Popeli smo se zavojitim stepenicama. Momak,
mangup rošavog lica u plavom mantilu, išao je is-
pred mene, vukući perušku čije je očerupano perje
čistilo prašinu s poda.

Na kraju smo stigli. I hodnik je, poput ulaza, bio
slabo osvetljen.

Momak je otvorio vrata i upalio svetlo. Rekao
sam mu:

— Sutra me probudite u pet, nemojte zaboraviti.

— U redu, do sutra.

Malaksao od jada i mozganja, strovalio sam se
na krevet.

Soba: dva gvozdena kreveta prekrivena plavim
jorganima, bele kićanke, emajlirani gvozdeni lavabo
i stočić od imitacije ebonovine. U jednom uglu u
staklima na ormaru ogledala su se pregradna vrata.

Oštar miris lebdeo je u vazduhu zarobljen izme-
đu četiri bela zida.

Okrenuo sam lice ka zidu. Neko od ljudi koji su
ovde spavali olovkom je nacrtao opscen crtež.

Pomislio sam:

113

– Sutra odlazim u Evropu, možda... – i pokrivši se jastukom preko glave, obeznanjen od umora, zaspao. Pao sam u neproziran san kroz čiju se tamu uvukla ova halucinacija:

Na asfaltnoj ravnici, ljubičaste mrlje ulja tužno se presijavaju pod rumenim nebom. U zenitu drugi komad nebesa prečisto plave boje. Rasuta u neredu, na sve strane su stajale su kocke kamena. Jedne su bile male poput kaldrme, druge visoke i ogromne poput nebodera. Odjednom se sa horizonta ka zenitu pružila neka jezivo mršava ruka. Bila je žuta kao drška na metli, četvrtasti prsti bili su spojeni i ispruženi.

Užasnuto sam ustuknuo, ali jeziva mršava ruka se produžavala, a ja sam, bežeći od nje, postajao sve manji i manji, saplitao se preko kamenih kocki, krio se iza njih; gvireći, isturio bih lice preko kamenja i ruka mršava kao drška na metli sa prstima poput štapića bila je tu, nad mojom glavom, dodirujući zenit.

Na horizontu je svetlost polako nestajala, ostala je tanka poput oštrice mača.

Tamo se ukazalo lice.

Bio je to komad ispupčenog čela, kosmate veđe, na kraju i komad vilice. Pod naboranim kapkom nalazilo se oko, oko ludaka. Ogromna rožnjača, okrugla zenica išarana pegicama. Kapak je tužno namignuo...

– Gospodine, hej, recite mi, gospodine...

Trgnuo sam se i uspravio u krevetu.

– Zaspali ste odeveni, gospodine.

Grubo sam pogledao sagovornika.

– Tako je, imate pravo.

114

Momak je uzmakao nekoliko koraka.

– Pošto ćemo noćas biti cimeri, dozvolio sam sebi slobodu da vas probudim. Ljutite se?

– Ne, zašto? – I pošto sam protrljao oči, ustao sam i seo na ivicu kreveta. Odmerio sam ga:

Obod crnog cilindra zaklanjao mu je čelo i oči. Pogled mu je bio pritvoran, i njegov baršunasti sjaj kao da je dodirivao samu kožu. Imao je nekakav ožiljak pored usne u blizini brade i previše crvene mesnate usne osmehivale su se na njegovom belom licu. Pod preterano utegnutim kaputom ocrtavali su se obrisi njegovog sitnog tela.

Iznenada sam ga upitao:

– Koliko je sati?

On se brzo uhvatio za zlatni časovnik.

– Četvrt do jedanaest.

Ja sam pospano oklevao. Sada sam obeshrabreno posmatrao svoje umazane čizme na kojima se bio pokidao konac kojim su krpljene, pa se kroz pukotinu mogao videti komad čarape.

Za to vreme je mladić okačio šešir na čiviluk i umornim pokretom bacio kožne rukavice na stolicu. Ponovo sam ga pogledao ispod oka, ali sam skrenuo pogled pošto sam video da me posmatra.

Bio je besprekorno obučen, i od kruto uštirkanog okovratnika do lakovanih čizmica s gamašnama krem boje, videlo se da je čovek koji ne oskudeva u novcu.

Međutim, ne znam zašto mi je palo na pamet:

– Mora biti da su mu prljave noge.

Osmehujući se lažnim osmehom okrenuo je lice i pramen kose mu se prosuo preko obraza i pokrio ga do resice na ušnoj školjci. Blagim glasom, ispod oka me ispitujući svojim teškim pogledom, rekao je:

– Izgleda da ste umorni, zar ne?

– Jesam, malo.

Skinuo je kaput čija se svilena postava zablistala na porubima. Nekakav miris masnoće širio se iz njegove crne odeće, i ja sam ga odjednom uznemireno pogledao; zatim, nesvestan šta govorim, upitao sam ga:

– Da vam nije prljava ta odeća?

Onaj se trgao i bacio pogled na mene, ali se snašao da odgovori:

– Da vam nije naškodilo što sam vas onako probudio?

– No, zašto bi mi škodilo?

– Tek tako, mladiću. Nekima škodi. U Internatu sam imao druga koji bi, ako ga naglo probude, dobio napad epilepsije.

– Preterana osetljivost.

– Bolje recite, ženska osetljivost, zar vam se ne čini, mladiću?

– Znači, drug vam je bio preosetljiv? Ali čujte, dragi moj, budite ljubazni, otvorite ta vrata, inače ću se ugušiti. Nek uđe malo vazduha. Ovde zaudara na prljavu odeću.

Uljez se malo namrštio... Otišao je do vrata, ali pre nego što je do njih stigao, neki papirići su mu ispali iz džepa na sakou na pod.

On se žurno sagao da ih pokupi, a ja sam mu prišao.

Tada sam video: sve su to bile fotografije muškarca i žene u različitim vidovima snošaja.

Neznančevo lice bilo je ljubičastocrveno. Promucao je:

– Ne znam kako su došle u moje ruke, pripadale su nekom mom prijatelju.

Nisam mu odgovorio.

Stojeći kraj njega, uporno sam zurio u jezivu grupu. On je pričao ne znam kakve stvari. Ja ga nisam slušao. Zapanjeno sam blenuo u groznu fotografiju.

Žena leži ničice pred nekim bednim prostakom, s kapom oivičenom gumenim obodom i crnim lastišem omotanim oko stomaka.

Pogledao sam momka.

Sad je bio bled, širom razrogačenih pohlepnih očiju, a među pocrnelim kapcima sijala mu se suza. Spustio je šaku na moju mišicu.

– Pusti me da ostanem, nemoj da me izbaciš.

– Pa onda vi... ti si...

Gotovo me je odvukao i gurnuo na ivicu kreveta i zatim seo kraj mojih nogu.

– Jeste, takav sam, to mi dolazi u naletima.

Spustio mi je ruku na koleno.

– Dolazi mi u naletima.

Mladićev glas bio je dubok i gorak.

– Da, takav sam... dolazi mi u naletima.

Neka bojažljiva žalost podrhtavala mu je u glasu. Zatim je njegova ruka dohvatila moju i spustila je postrance na njegovo grlo kako bi je stisnuo bradom. Govorio je vrlo tihim glasom, gotovo šapatom.

– Ah, da sam se rodio kao žena. Zašto li je život ovakav?

Žile u slepoočnicama žestoko su mi kucale.

On me upita:

– Kako se zoveš?

– Silvio.

– Reci mi, Silvio, ne prezireš me?... Ma, ne... ne deluješ mi... Koliko imaš godina?

Promuklo mu odgovorih:

– Šesnaest... Ali, ti drhtiš?...

– Jeste... Hoćeš li... Ma, znaš...

Odjednom sam ga video, da, video ga... Na zgrčenom licu usne su mu se osmehivale... i oči su mu se osmehivale, ludački... i odjednom, kad je odeća namah spala sa njega, video sam kako je zaigrala ivica prljave košulje nad pojasom puti koja je na butinama ostala gola ispod dugačkih ženskih čarapa.

Polako, kao preko zida pobelelog od mesečine, pred očima mi je prošlo preklinjuće lice nepomične devojke kraj crne gvozdene kapije. Hladna pomisao – kad bi ona znala šta ja u ovom trenutku radim – proburazila me je.

Kasnije ću se zauvek sećati tog trenutka. Ustuknuo sam nepoverljivo, pogledao ga i polako mu rekao:

– Gubi se.

– Šta?

Još tiše sam ponovio:

– Gubi se.

– Ali...

– Gubi se, životinjo. Šta si napravio od svog života?... Od svog života?...

– Nemoj... nemoj da si takav...

– Životinjo... Šta si napravio od svog života?

U tom trenutku nisam znao kako da mu kažem sve one uzvišene, dragocene i plemenite stvari koje

118

sam imao u sebi i koje su nagonski odbacivale njegovu ljagu.

Momak ustuknu. Stisnuo je usne, iskezio očnjake, zatim utonuo u ležaj, i dok sam ja odeven legao u svoj krevet, on je, ruku sklopljenih ispod potiljka, zapevao:

Sutlijaš, grilijaš,
hoću da se ženim, znaš.

Pogledao sam ga iskosa, a zatim bez ljutnje, tako smireno da sam i sebe začudio, rekao:

– Ako ne ućutiš, razbiću ti nos.

– Šta?

– Nego šta, razbiću ti nos.

Tada se okrenuo licem prema zidu. Užasna teskoba pritiskala je ustajali vazduh. Osećao sam upornost s kojom je njegova jeziva misao sekla tišinu. A od njega se video samo trougao crne kose pod kojim se ocrtavao potiljak, pa onda obao, beo vrat koji nije pokazivao da je on na bilo kakvom iskušenju.

Nije se mrdao, ali upornost njegove misli pritisnula me je... Uobličavala se u meni... i ja sam ošamućeno ostao ukočen, padajući na dno teskobe koja je polako postajala sve tvrđa. S vremena na vreme bih ga odmerio ispod oka.

Odjednom mu se prekrivač pomerio i otkrio gola ramena, njegova mlečnobela ramena koja su izvirivala iz prelomljenog luka što mu je nad ključnjačama pravila košulja od batista...

Bolan krik neke žene odjeknuo je u hodniku na koji je izlazila moja soba:

– Ne... ne... molim te...

I tup udarac tela o zid, od čega mi se duša najpre stegla od straha, pa sam onda na trenutak razmislio, skočio iz kreveta i otvorio vrata upravo u trenutku kada su se vrata na sobi preko puta zatvorila.

Naslonio sam se na dovratak. Iz susedne sobe nije se čulo ništa. Vratio sam se, ostavivši vrata otovorena, i ne pogledavši onoga drugog ugasio svetlo i legao...

Mnome je sada zavladala moćna izvesnost. Upalio sam cigaretu i rekao svom sobnom drugu:

— Čuj, ko te je naučio tim gadostima?

— S tobom neću da pričam... Pokvaren si...

Prsnuo sam u smeh, a zatim ozbiljno nastavio:

— Zbilja, burazeru, znaš da si čudan čovek? Mnogo si čudan! Šta u porodici kažu za tebe? A ova kuća? Zapala ti za oko ova kuća?

— Pokvaren si.

— A ti si mi svetac, je l' tako?

— Nisam, ali sledim svoju sudbinu... jer... ranije nisam bio ovakav, znaš? Nisam bio ovakav...

— Pa, ko te je onda takvim napravio?

— Moj nastavnik, zato što je tata bogat. Kad sam završio četvrti razred, uzeli su mi nastavnika da me spremi za prvu godinu Nacionalne škole. Delovao je kao ozbiljan čovek. Nosio je bradu, oštru plavu bradu, i naočare. Oči su mu bile gotovo zelene koliko su bile plave. Tebi pričam sve ovo zato što...

— Pa...?

— Pre nisam bio ovakav... Ali, on me je ovakvim napravio... Posle, kad je otišao, odlazio sam njegovoj kući da ga tražim. Tada sam imao četrnaest godina. Živeo je u stanu u Ulici Hunkal. Bio je pravi talenat. Zamisli, imao je biblioteku veliku kao ova četiri zida zajedno. A bio je i đavo, ali me je voleo! Otišao bih njegovoj kući, poslužitelj bi me odveo u spavaću sobu... Zamisli, bio mi je kupio sve svileno rublje opšiveno vezom. Presvlačio sam se u ženu.

– Kako se zvao?

– Šta će ti njegovo ime... Imao je dve katedre u Nacionalnoj školi, obesio se...

– Obesio se...?

– Jeste, obesio se u klozetu u nekom kafeu... Ama, što si lud!... Ha... ha... Ma, nije istina... Sve je to laž... Zar nije lepa priča?

Ljutito mu rekoh:

– Slušajte, dragi moj, ostavite me na miru; spava mi se.

– Nemoj da si takav, saslušaj me... Kako si promenljivog raspoloženja... Nemoj da misliš da je istina ovo poslednje... Čistu istinu sam ti rekao... Naravno... Nastavnik se zvao Prospero.

– I vi ste tako nastavili sve do sada?

– A šta je trebalo da radim?

– Kako, šta je trebalo da radite? Zašto ne odete kod lekara... kod nekog specijaliste za nervne bolesti? Osim toga, zašto ste tako prljavi?

– Pa, takva je moda, mnogi vole prljavo rublje.

– Vi ste degenerik.

– Jesam, u pravu si... Udaren sam... Ali, šta hoćeš?... Vidi... ponekad sedim u svojoj spavaćoj sobi, padne mrak, nećeš mi verovati, to ti je kao neki napad... Osetim miris sobe za izdavanje... Vidim upaljeno svetlo, i onda ne mogu... Kao da me vuče neki vetar, i iziđem... Odem kod nekog gazde što drži sobe za izdavanje.

– Kod gazde, zašto?

– Naravno, tužno je kad treba ići i tražiti: dogovorili smo se s dvojicom-trojicom gazda, i čim u neku sobu dođe dečko koji nešto vredi, on nam javi telefonom.

Posle dugog ćutanja, glas mu postade nadmen i ozbiljan.

Reklo bi se da je razgovarao sam sa sobom, sa svim svojim nevoljama:

– Zašto li se nisam rodio kao žena?... Umesto da budem izrod... Jeste, izrod... Bio bih devojka na svom mestu, udao bih se za nekog dobrog čoveka i pazio bih na njega... Voleo bih ga... umesto da se... ovako... smucam od kreveta do kreveta, i neprijatnosti... onih skitnica u belom sakou i lakovanim cipelama što te poznaju i prate... i čak ti kradu i čarape. Ah, kada bih našao nekoga ko bi me voleo zauvek, zauvek.

– Ma, vi ste ludi! Još živite u toj zabludi?

– Šta ti znaš! Imam ja prijatelja koji već tri godine živi s nekim činovnikom iz Hipotekarne banke... I koliko ga samo voli...

– Pa to je divljaštvo...

– Šta ti znaš... Kada bih mogao, dao bih sve svoje pare da budem žena... sirota ženica... i ništa mi ne bi smetalo da zatrudnim i da perem rublje, samo ako me voli... i radi za mene...

Dok sam ga slušao, zanemeo sam.

Ko li je ovo siroto ljudsko biće što izgovara ove toliko jezive i nove reči...? I ne traži ništa osim malo ljubavi?

Ustao sam da ga pomilujem po čelu.

– Ne dodiruj me – dreknuo je. – Ne dodiruj me. Srce će mi pući. Odmakni se.

Sada sam nepomično ležao u svom krevetu, u strahu da ga neki šum koji bih napravio ne probudi u smrt.

Vreme je proticalo polako, a moja svest, pomućena od zaprepašćenja i umora, skupljala je iz prostora nemi bol naše vrste.

Činilo mi se da još čujem zvuk njegovih reči... Na njegovom sitnom licu zgrčenom od bola u tmini se ocrtavao izraz muke i ustima suvim od groznice izgovarao je u mrak:

– I ništa mi ne bi smetalo da zatrudnim i da perem rublje, samo ako me voli i radi za mene.

Da zatrudni. Kako je nežna bila ta reč na njegovim usnama!

– Da zatrudni.

Tada bi joj se celo jadno telo izobličilo, ali „ona" bi, zanesena tom dubokom ljubavlju, išla među ljudima i ne bi ih videla, videla bi samo lice onoga kome se onako pokorno pokoravala.

Ljudske muke! Koliko se još tužnih reči skrivalo u čovekovoj utrobi!

Probudila me je buka nekih vrata koja su se zalupila. Brzo sam upalio svetiljku. Mladić je bio nestao i njegov krevet nije sačuvao trag nikakvog nereda.

Na ivici stola su raširene stajale dve novčanice od po pet pezosa. Pohlepno sam ih uzeo. U ogledalu se odražavalo moje bledo lice, beonjača išarana žilicama krvi, uvojci kose popali po čelu.

Ženski glas tiho je molio u hodniku:

– Požuri, zaboga... Ako saznaju...

Jasno se čula zvonjava električnog zvonca.

Otvorio sam prozor koji je gledao u dvorište. Zadrhtao sam od naleta vlažnog vetra. Još je bila noć, ali dole u dvorištu dvojica slugu su se muvali oko nekih osvetljenih vrata.

Izišao sam.

Na ulici, moja uznemirenost se smirila. Ušao sam u mlekaru i popio kafu. Sve stolove bili su zauzeli prodavci novina i kočijaši. Časovnik okačen iznad neke detinjaste bukoličke scene odzvonio je pet puta.

Odjednom mi sinu kroz glavu da svi ti ljudi imaju svoje domove, videh lice svoje sestre, i u očajanju iziđoh na ulicu.

U duši su mi se ponovo narojile životne muke, slike koje nisam želeo ni da vidim ni da ih se sećam, i škrgućući zubima išao sam mračnim pločnicima, ulicama sa radnjama zaštićenim metalnim rešetkama i drvenim daskama.

Iza tih vrata ima novca, vlasnici tih radnji mirno spavaju u svojim raskošnim spavaćim sobama, a ja kao pas tumaram gradom kud me noge nose.

Nakostrešen od mržnje, pripalio sam cigaretu i zlobno bacio upaljenu šibicu na ljudsku priliku koja je sklupčana spavala u nekoj kapiji; plamičak je zatreperio među ritama i bednik se odjednom podigao, bozobličan poput tmine, i ja sam pobegao od pretnje njegove ogromne pesnice.

U trgovini polovnom robom na Julskom šetalištu kupio sam revolver, napunio ga sa pet metaka, uskočio u tramvaj i krenuo ka pristaništu.

U pokušaju da ostvarim želju da odem u Evropu, žurno sam se pentrao uz lestvice od konopa na prekookeanskim brodovima i nudio se za bilo kakav posao tokom plovidbe, svakom oficiru koga sam ugledao. Prolazio sam hodnicima, ulazio u tesne kabine prepune kovčega, sa sekstantima okačenim na zidove, razmenjivao reči s ljudima u uniformama koji bi se trgli i osvrnuli kada bih im se obratio i čim bi shvatili šta tražim mrzovoljno me oterali.

Preko mostova se videlo kako more dodiruje kosinu neba i jedra brodova u velikoj daljini.

Koračao sam kao u bunilu, ošamućen od neprestanog meteža, od škripe dizalica, pištaljki i glasova nosača koji su istovarivali velike terete.

Imao sam osećaj da se nalazim beskrajno daleko od kuće, toliko daleko da više ne bih mogao tamo da se vratim čak i kada bih odustao od svoje odluke.

Tada bih zastajao da razgovaram sa vozačima tereta koji su se smejali mojim ponudama, ponekad bi čak iz kuhinja iz kojih je izbijala para provirili da mi odgovore, sa licima tako životinjskog izraza da bih se ja u strahu udaljio ne odgovorivši im, i koračao ivicama dokova, očiju uprtih u uzburkanu masnjikavu vodu koja je uz neki grleni šum lizala granit. Bio sam umoran. Prizor ogromnih iskošenih dimnjaka, odmotavanja lanaca savijenih u koture, uz povike prilikom manevrisanja, usamljenost vitkih jarbola, pažnja sada podeljena između lica što proviruje kroz okrugli prozorčić i balasta što visi obešen o kuku iznad moje glave, to bučno komešanje sastavljeno od ukrštanja svih glasova, zvižduka i udaraca, pokazivali su mi da sam toliko mali naspram života da za sebe nisam uspevao ni da izaberem neku nadu.

Od metalnih potresa zadrhtao je vazduh na obali.

Iz senovitih ulica koje su napravili visoki zidovi jednospratnih kuća izišao sam na žestoku sunčevu svetlost; na trenutke bi me nešto gurnulo na jednu stranu, šareni barjačići na brodovima vijorili su se na vetru; nešto niže, između crnih zidina i crvenog trupa prekookeanskog broda kalafati su neumorno udarali čekićima, i taj divovski dokaz moći i bogatstva, nagomilane robe i životinja koje su se ritale viseći u vazduhu terao me je da pobesnim od muke.

I došao sam do neizbežnog zaključka.

– Nema vajde, moram da se ubijem.

Imao sam maglovitu predstavu o tome.

Već me je u ranijim prilikama teatralnost koja prati oplakivanje odra na kojem leži samoubica bila zavela svojim ugledom.

Zavideo sam leševima oko čijih kovčega su jecale lepe žene, i kada bih ih video kako se naginju preko ivice sanduka, moja muškost bi se bolno prenula.

Tada bih poželeo da zauzmem veličanstveni mrtvački odar, da poput mrtvaca budem ukrašen cvećem i ulepšan blagim odsjajima voštanica, da na oči i čelo primam suze koje prolivaju deve u crnini.

Ta misao nije mi prvi put pala na um, ali u tom trenutku zarazila me je izvesnošću.

– Ne treba da umrem... ali moram da se ubijem – i pre nego što sam mogao da reagujem, neobičnost te besmislene ideje neodoljivo je osvojila moju volju.

– Ne treba da umrem, ne... ne mogu da umrem... ali moram da se ubijem.

Otkuda je dolazila ta nelogična ubeđenost koja je potom upravljala svim postupcima u mom životu?

Moj um se oslobodio sporednih oseta; bio sam samo kucanje srca, bistro oko otvoreno ka savršeno vedroj unutrašnjosti.

– Ne treba da umrem, ali moram da se ubijem.

Prišao sam nekom kućerku od cinka. Nedaleko odatle grupica radnika istovarivala je vreće iz nekog vagona i na tom mestu pločnik je bio prekriven žutim tepihom od kukuruza.

Pomislio sam:

– To mora da bude ovde – i izvadivši revolver iz džepa, odjednom sam pomislio: – Ne u slepoočnicu, to bi mi naružilo lice, nego u srce.

Nesavladivo ubeđenje vodilo je kretanje moje ruke.

Upitao sam se:

– Gde mi je srce?

Mukli otkucaji iznutra su mi pokazali gde se nalazi.

Pregledao sam burence. U njemu je bilo pet metaka. Zatim sam prislonio cev revolvera na sako.

Od blage nesvestice klecnula su mi kolena pa sam se naslonio na zid kućerka.

Pogled mi se zaustavio na pločniku žutom od kukuruza, pritisnuo sam oroz, polako, razmišljajući.

– Neću urmeti – i okidač je udario... Ali u tom sasvim kratkom međuvremenu koje je odvajalo udarac okidača od fulminata, osetio sam kako mi se duh širi u neki prostor tmine.

Pao sam na zemlju.

Kada sam se probudio u krevetu u svojoj sobi, na belom zidu sunčev zrak je ocrtavao obrise šara koje se u sobi nisu videle iza okana.

Na ivici kreveta sedela je majka.

Nagnula je glavu ka meni. Trepavice su joj bile vlažne, lice ispijenih obraza izgledalo je kao da je isklesano u mramoru izbrazdanom mukama.

Glas joj je podrhtavao:

– Zašto si to učinio?... Eh, zašto mi nisi sve rekao? Zašto si to učinio, Silvio?

Pogledao sam je. Lice mi se iskrivilo u strašnu grimasu sažaljenja i griže savesti.

– Zašto nisi došao ovamo?... Ne bih ti ja ništa rekla. Sudbina je to, Silvio. Šta bi bilo sa mnom da je revolver opalio? Ti bi sad ležao tu, sa svojim sirotim hladnim licem... Eh, Silvio, Silvio!

I niz crvene kapke kanula joj je teška suza.

Osetio sam da mi se na dušu spušta noć i položio čelo u njeno krilo, dok mi se činilo da se budim u policijskoj stanici da bih kroz maglu sećanja razaznao grupu ljudi u uniformama koji su oko mene mahali rukama.

ČETVRTO POGLAVLJE

Juda Iskariotski

Monti je bio preduzimljiv i plemenit čovek, plahovit poput kakvog kavgadžije, usukan poput kakvog idalga. Njegov prodoran pogled nije protivrečio ironičnom osmehu njegovih tankih usana osenčenih svilenkastim maljama crnih brkova. Kada bi se razbesneo, jagodice bi mu pocrvenele i usna zadrhtala sve do uvučene brade.

Kancelarija i zalihe hartije u radnji bile su smeštene u tri prostorije uzete pod zakup od nekog Jevrejina krznara, koje je od smrdljivog Jevrejinovog magacina delio hodnik uvek pun musave riđe dečurlije.

Prva prostorija bila je nešto poput kancelarije i izložbe finog papira. Njeni prozori gledali su na Ulicu Rivadavija i prolazinici su u prostoriji obloženoj čamovinom s pločnika mogli videti pravilno poređane risove hartije boje lososa, zelene, plave i crvene, rolne masne hartije prošarane žilicama i čvrste, bale satinirane hartije i pelira, blokčiće nalepnica sa šarenim cvetićima, svitke hartije sa cvetnim motivima, hrapave površine, sa jedva vidljivim utisnutim vazicama.

Na plavičastom zidu na slici napuljskog zaliva presijavao se plavi emajl nepomičnog mora na sivkastoj obali prošaranoj belim kvadratićima: kućama.

Tamo je Monti kada bi bio dobre volje pevao skladnim i zvonkim glasom: *A mare chiaro che se da una puesta.*[8]

Uživao sam da ga slušam. Pevao je osećajno, videlo se da priziva uspomene na čarobna mesta i trenutke koje je doživeo u svojoj otadžbini.

Kad me je Monti primio kao trgovačkog putnika koji radi za proviziju, dajući mi uzorke hartije poređane prema kvalitetu i ceni, rekao je:

– Dobro, a sad, u prodaju. Svako kilo papira ti je tri centa provizije.

Težak početak!

Sećam se da sam jedne nedelje uzalud hodao po šest sati dnevno. Bilo je to nešto neverovatno. Nisam prodao ni kilo papira a prevalio sam četrdeset i pet milja. Očajan, ulazio sam u piljarnice, u radnje i magazine, muvao se po pijacama, obijao pragove apotekara i mesara, ali uzalud.

Jedni su me najljubaznije što su mogli slali dođavola, drugi su mi govorili da navratim sledeće nedelje, treći tvrdili: „Već imam svog trgovca koji me odavno snabdeva", četvrti me ne bi ni saslušali, neki smatrali da je moja roba preskupa, nekoliko njih da je previše obična, a samo retki da je previše fina.

---

[8] Na mirnom moru sumrak se hvata (iskvareni špansko-italijanski) – *Prim. prev.*

U podne, kada bih se vratio u Montijevu kancelariju, sručio bih se na risove hartije i ostajao ćutke, otupeo od umora i obeshrabrenja.

Mario, drugi trgovački putnik, šesnaestogodišnji lezilebović visok kao topola, sav noge i ruke, podsmevao se mom jalovom trudu.

Kakav je samo mangup bio taj Mario! Ličio je na telegrafski stub na čiji vrh je nataknuta sitna glava pokrivena basnoslovnom šumom kovrdžave kose.

Hodao je ogromnim koracima, sa aktovkom od crvene kože pod miškom.

Kada bi ušao u kancelariju, bacio bi aktovku u ćošak i skinuo šešir, polucilindar, toliko umašćen da bi se njime mogla podmazati bregasta osovina. Prodaja mu je išla đavolski dobro i stalno je bio veseo.

Prelistavajući štrokavu sveščicu naglas je čitao dugačak spisak primljenih narudžbina i razjapivši čeljusti kao mladunče kita smejao se iz dna crvenog ždrela i duž nizova iskeženih zuba.

Paveći se da ga od silnog veselja boli stomak, hvatao se za njega obema rukama.

Preko klasera na pisaćem stolu, Monti nas je posmatrao ironično se osmehujući. Lupio bi se šakom po širokom čelu, protrljao oči kao da rasteruje brige i zatim rekao:

– Ne smete se obeshrabriti, dođavola. Hoćete da budete pronalazač, a ne znate da prodate ni kilo papira.

Pa bi dodao:

– Treba biti uporan. Svaka trgovina je takva. Dok čoveka ne upoznaju, neće da trguju s njim. U nekoj radnji kažu da već imaju. Nije važno. Treba se vraćati sve dok se trgovac ne navikne da vas viđa i počne da kupuje od vas. I uvek ljubazno, zato što i jeste takvi – a onda bi promenio temu i dodao: – Dođite popodne na kafu. Da proćaskamo malo.

Jedne večeri sam ušao u neku apoteku u Ulici Rohas. Apotekar, žustar rošav čovek, pregledao je moju robu i zatim progovorio, a meni se učinilo da je anđeo, pošto je rekao:

– Pošaljite mi pet kila raznih vrsta satinirane hartije, dvadeset kila pelira, i napravite mi dvadeset hiljada omotnica, po pet hiljada sa sledećim natpisima: „Borna kiselina", „Pečeni magnezijumoksid", „Kalijumtartarat", „Sapun od kampeševine". I svakako, hartija mora biti ovde u ponedeljak rano izjutra.

Sav ustreptao od radosti zabeležio sam narudžbinu, naklonio se anđeoskom apotekaru i izgubio se niz ulicu. Bila je to moja prva prodaja. Zaradio sam petnaest pezosa provizije.

Ušao sam na pijacu Kabaljito, onu pijacu koja me je uvek podsećala na pijace iz romana Karoline Invernisio. Neki debeli kobasičar sa glavom kao u krave, kome sam ranije uzaludno dosađivao, doviknuo mi je zamahujući nožem prema komadu slanine:

– Bratac, pošalji mi dvesta kila pak-papira, ali sutra vrlo rano, obavezno, ali po trideset jedan.

Zaradio sam četiri pezosa, uprkos tome što mi je spustio jedan centavo po kilogramu.

Od beskrajne sreće, od neverovatne, dionizijske radosti, duh mi se širio do nebeskih sfera... I tada, poredeći svoju opijenost sa opijenušću Danuncijevih junaka koje je moj gazda kritikovao zbog veličanstvene bezočnosti, pomislio sam:

– Monti je idiot.

Odjednom sam osetio kako mi neko steže ruku; naglo sam se okrenuo i našao se licem u lice sa Lusijem, slavnim Lusijem, članom kluba Vitezova ponoći.

Srdačno smo se pozdravili. Posle one nesrećne noći nisam ga više video, a sada je stajao preda mnom osmehujući se i kao i obično se osvrćući na sve strane. Zapazio sam da ima dobru odeću i još bolju obuću i nakit, da na prstima nosi prstenje od lažnog zlata i neki bledi kamen u kravati.

Bio je porastao; bio je to neotesan nikogović prerušen u dendija.

Uz tu njušku upristojenog siledžije išao je i filcani šešir širokog oboda, mangupski natučen do obrva. Pušio je na ćilibarsku muštiklu, i kao čovek koji ume da se lepo ponese prema prijatelju, posle prvih pozdrava pozvao me je da popijemo po kriglu piva u obližnjoj pivnici.

Kada smo seli i nadušak ispili pivo, moj prijatelj Lusio reče prigušenim glasom:

– A šta ti radiš?

– A ti?... Vidim da si postao dendi, važna ličnost.

Usne mu se iskriviše u osmeh.

– Ja... ja se priženio.

– Pa, onda ti dobro ide... Mnogo si uznapredovao... Ali, pošto ja nisam tvoje sreće, bavim se papirom... Prodajem hartiju.

– Ah! Prodaješ hartiju, za neku firmu?

– Jeste, za izvesnog Montija iz Floresa.

– I mnogo zarađuješ?

– Mnogo, ne, ali zaradi se za život.

– Znači, promenio si se?

– Naravno.

– I ja radim.

– Ah, radiš!

– Da, radim, čik pogodi šta?

– Ne mogu, ne znam.

– Ja sam istražni agent.

– Ti... Istražni agent? Ti!

– Jeste, zašto?

– Ne, ništa. Znači, sad si istražni agent?

– Zašto te to čudi?

– Ne... Nikako... Oduvek si bio sklon... Od malena...

– Mnogo si mi pametan... Ama, vidi, brate Silvio, mora čovek da se menja; takav je život, ono Darvinovo *struggle for life*[9]...

– Ala si postao učen! Je l' se to maže na 'lebac?

– Znam ja šta pričam, burazeru, to je anarhistička terminologija; znači, i ti si se promenio, radiš, i dobro ti ide.

– Nije lošo, što reče onaj Baskijac; prodajem hartiju.

– Znači, promenio si se?

– Izgleda.

– Vrlo dobro; još jedno, momče... Još po jedno, htedoh reći, izvini, burazeru.

– A kakav ti je taj istražiteljski posao?

---

[9] Borba za život (engl.) – *Prim. prev.*

– Ništa me ne pitaj, brate Silvio; profesionalne tajne. Ali, kad već pričamo o zabludelim ovcama, sećaš li se Enrikea?

– Enrikea Irsubete?

– Da.

– Za Irsubetu sam samo čuo da je... Pošto smo se razišli, sećaš li se...?

– Kako da se ne sećam!

– Pošto smo se razišli, čuo sam da je Grenuje uspeo da ih izbaci i da su se preselili i Vilju del Parke, ali Enrikea više nisam video.

– Naravno; Enrike je otišao da radi za neku automobilsku agenciju u Asulu.

– A znaš li gde je sada?

– Valjda u Asulu, gde bi bio!

– Ne, nije u Asulu; u zatvoru je.

– U zatvoru?

– Kao što sam ja ovde, tako je on u zatvoru.

– Šta je uradio?

– Ništa, burazeru, ništa: *struggle for life*... to ti znači, borba za život, to je izraz koji sam naučio od nekog Španca, pekara koji je voleo da pravi eksploziv. Ti ne praviš eksploziv? Nemoj da se ljutiš; pošto si onoliko voleo bombe od dinamita...

Razljućen zbog njegovog podmuklog ispitivanja, upro sam pogled u njega.

– Hoćeš da me hapsiš?

– Neću, čoveče, zašto bih? Zar čovek ne sme da se šali sa tobom?

– Izgleda mi kao da hoćeš nešto da izvučeš od mene.

– Eh, dođavola... Kakav si ti mangup, zar se nisi promenio?

– Dobro, i šta kažeš za Enrikea?

– Evo, da ti ispričam: slavan podvig, među nama, neverovatna stvar. Ispostavilo se, ne sećam se tačno da li je to bila agencija za ševrolet ili za bjuik, ta gde se Enrike zaposlio, bio je čovek od poverenja... Dobro, uvek je bio majstor da ljudima zamaže oči. Radio u kancelariji, ne znam kako, u svakom slučaju, ukrade ti on jedan ček iz čekovne knjižice i odmah ga falsifikuje na pet hiljada devetsto pedeset i tri pezosa. Kakve su to stvari!

Onog jutra kad je hteo da ga unovči, vlasnik agencije mu da dve hiljade i sto pezosa da uloži u istoj banci. Taj ludak stavi pare u džep, ode u garažu agencije, uzme auto i mirno ode u banku, preda ček, i tu se desi čudo neviđeno, u banci mu isplate falsifikovani ček.

– Isplatili su mu!

– Neverovatno, kakav li je to falsifikat! Dobro, on je uvek bio sposoban dečko. Sećaš li se kad je falsifikovao zastavu Nikaragve?

– Sećam se, još kao mali je umeo... Nego, nastavi.

– I eto, daju mu pare... E, sad, bog te pita da li je Enrike bio nervozan. Krenuo kolima, na dva ćoška od pijace, na raskrsnici, naleti na neku zapregu... Ali, imao je sreće, ruda mu je samo polomila ruku, da ga je dohvatila više prema sredini, probila bi mu grudni koš. Ostao je onesvešćen. Odvedu ga u bolnicu, nekim slučajem vlasnik agencije odmah sazna za nesreću i ode u bolnicu kao da je nešto nanjušio. Raspita se kod lekara za Enrikeovu odeću, pošto je u njoj morao biti novac ili potvrda o uplati... Možeš da zamisliš koliko se tip iznenadio... Umesto da nađe potvrdu, naleti na osam hiljada pedeset i tri pezosa. Utom Enrike dođe sebi, ovaj ga pita otkud mu te hiljade, a onaj ne ume da odgovori; odu u banku i tamo odmah sve shvate.

– Čudo jedno.

– Neverovatno. Celu hroniku o tome sam pročitao u *El Siudadanu*, tamošnjim novinama.

– I sad je u zatvoru?

– U 'ladovini, kako je umeo da kaže... Ali, ko zna na koliko vremena su ga osudili. Sreća njegova što je maloletan, a osim toga, njegova porodica poznaje uticajne ljude.

– Čudno: velika budućnost čeka našeg prijatelja Enrikea.

– Zavidna. S pravom su ga zvali Krivotvoritelj.

Onda smo zaćutali. Sećao sam se Enrikea. Činilo mi se da sam ponovo s njim u onom ćumezu s marionetama. Na crvenom zidu zrak sunca osvetljavao je njegov ispijen profil nadmenog adolescenta.

Prigušenim glasom, Lusio je primetio:

– *Struggle for life*, brate, jedni se menjaju, drugi propadaju; takav je život... Nego, idem ja, moram na dežurstvo... Ako hoćeš da se vidimo, evo ti moja adresa – i dade mi posetnicu.

Kada sam se posle bučnog pozdravljanja našao daleko, sam na osvetljenim ulicama, još mi je u ušima odjekivao njegov prigušen glas:

– *Struggle for life*, brate... Jedni se menjaju, drugi propadaju... Takav je život!

137

Sada sam se dućandžijama obraćao samouvereno kao prekaljen trgovački putnik, i mada ubeđen da će moji napori biti jalovi, pošto sam već „nešto prodao", za kratko vreme sam sebi obezbedio osrednju klijentelu sastavljenu od pijačnih veseljaka, apotekara kojima sam pričao o pikrinskoj kiselini i drugim koještarijama, jednog knjižara i dva-tri bakalina; od takve klijentele čovek ima najmanje koristi, a najprevejanija je u trgovini.

U nameri da ne gubim vreme, bio sam podelio četvrti Kabaljito, Flores, Veles Sarsfild i Vilja Krespo na zone kojima sam sistematski prolazio jednom nedeljno.

Ustajao sam vrlo rano i krupnim koracima odlazio u unapred određene četvrti. Iz tih dana čuvam uspomenu na ogromno blistavo nebo nad vidikom sastavljenim od okrečenih kućica, radionica sa crvenim zidovima oivičenih ukrasima: vodoskocima zelenila, čempresima i drvoredima oko belih kupola groblja.

Na jednolične ulice u predgrađu, bedne i prljave, preplavljene suncem, s kantama za đubre pred vratima, sa trbušastim, raščupanim i prljavim ženama što razgovaraju na pragu kuće i dozivaju pse ili decu pod najbistrijim i najprozračnijim nebeskim svodom čuvam sveže sećanje, uzvišeno i lepo.

Moje oči žudno su se napajale beskonačnom, zamamnom vedrinom nebeskog prostora.

Žarki plamen nade i snova obavijao mi je duh i iz mene je kuljalo nadahnuće toliko srećno što je čedno da nisam nalazio reči da ga iskažem.

I što su gnusniji bila mesta po kojima sam trgovao, to me je više zanosila nebeska kupola. Sećam se...

Pa one bakalnice, one kasapnice u predgrađu!

Zrak sunca osvetljavao je u mraku životinje crveno-crnog mesa okačenog o kuke i konopce iznad kalajisanih tezgi. Pod zasut piljevinom, u vazduhu zadah loja, crni oblaci muva vrve oko komadića žute masti, kasapin hladnokrvno testeriše kosti, pleđinom noža lupa kotlete... A napolju... napolju jutarnje nebo iz svog plavetnila mirno i veličanstveno prosipa beskonačnu slast proleća.

Na putu me nije brinulo ništa osim prostora, glatkog poput nebeskog porcelana na plavetnoj granici sa dubinom zaliva u zenitu; bilo je to čudesno more, široko i potpuno mirno, na kojem su moje oči mislile da vide ostrvca, morske luke, mramorne gradove opasane zelenim šumama i brodove sa procvetalim jarbolima kako klize kroz pesmu sirena basnoslovnim gradovima radosti.

Išao sam tako, drhteći od silne slasti.

Činilo mi se da čujem buku nekog noćnog veselja; gore su raketle rasipale zelene slapove zvezda, dole se trbušasti duhovi sveta smejali i majmuni izvodili žonglerske igre dok su se boginje kikotale slušajući žabu kako duva u sviralu.

Uz taj žamor veselja koji mi je odjekivao u ušima, uz te vizije koje su mi lelujale pred očima, neprimetno sam prekraćivao rastojanja.

Odlazio sam na pijace, razgovarao s „piljarima", prodavao ili se svađao s mušterijama nezadovoljnim primljenom robom. Imali su običaj da mi kažu, izvlačeći ispod tezge listiće hartije koja bi mogla poslužiti da se od nje naprave konfete:

– A šta biste vi da uvijete u ove papiriće?

A ja sam odgovarao:

– Oh, „sečeni" ne može da bude veliki kao čaršav. Svega je, vala, u bašti Gospodnjoj.

Ova mudrijašenja nisu mogla da zadovolje trgovce, koji su se, uzimajući za svedoke svoje pobratime, kleli da od mene više neće kupiti ni kilo papira.

Tada bih se ja napravio da sam ljut, rekao nekoliko ne baš jevanđeoskih reči, otresito ulazio iza tezge i počinjao da odmotavam rolnu i da izvlačim tabake koji bi uz malo dobre volje mogli poslužiti da se umota celo govedo.

– A ovo?... zašto ovo ne pokažete? Mislite vi da ću da vam biram papir. Što ne kupite neki malo skuplji?

Takve su bile moje svađe s kasapskim individuama i građanima-prodavcima ribe, prostacima i grubijanima radim kavzi.

Takođe sam voleo da u prolećna jutra „trgujem" na ulicama zaodevenim u dućanske nadstrešnice niz koje tutnje tramvaji.

Uživao sam da gledam velike dućane, iznutra senovite, prodavnice sira hladovite poput salaša sa ogromnim gomilama maslaca na policama, radnje sa šarenim izlozima i gospođama što sede kraj tezge na kojoj su poslagane tube s platnom; miris farbe što dopire iz gvožđare i miris petroleja iz skladišta mešali su se u mojim čulima poput miomirisa neke izvanredne radosti, sveopšteg slavlja mirisa čiji sam budući povesničar bio ja.

U predivna oktobarska jutra osećao sam se moćno, osećao sam se pun razumevanja, poput kakvog boga.

Ako bih umoran ušao u mlekaru da se osvežim, senovitost tog mesta i sličnost ukrasa podsećali bi me na neku neopisivu Alhambru, video bih letnjikovce daleke Andaluzije, video grumenje zemlje u podnožju planine i srebrne trake potočića u dnu. Ženski glas pevao je uz gitaru, a u mom sećanju stari obućar Andalužanin iskrsnuo bi govoreći:

– Hose, ma beše lepši nego rružža.

Ljubav, samilost, zahvalnost prema životu, knjigama i svetu dirali su me u plavi živac moje duše.

I to nisam bio ja, nego neki bog što beše u meni, bog načinjen od planina, šuma, neba i uspomena.

Kad bih prodao dovoljnu količinu papira krenuo bih nazad, a pošto bi se kilometri koje bi trebalo prevaliti pešice mnogo odužili, uživao sam da sanjarim o besmislicama, na primer, da sam nasledio sedamdeset miliona pezosa ili tako nešto. Moje sanjarije bi se raspršile kada bi mi, čim uđem u kancelariju, Monti ljutito rekao:

– Kasapin iz Ulice Remedios je vratio sečeni.

– Zašto?

– Otkud znam!... Kaže, ne sviđa mu se.

– Vala, grom ga ne ubio.

Neopisiv je osećaj neuspeha koji je u meni izazvala ta gomila prljave hartije ostavljena u mračnom dvorištu, uvezana novim kanapom, puna blata po ivicama, umrljana krvlju i mašću, pošto je kasapin hartiju nemilosrdno prevrtao svojim masnim rukama.

To vraćanje robe se previše često ponavljalo.

141

Unapred se štiteći od mogućih kasnijih nespora-
zuma, obično bih upozorio kupca.

– Čujte: sečeni papir su otpaci glatkog papira.
Ako hoćete, poslaću vam specijalni sečeni, to vam je
osam centava više po kili, ali ćete celog da ga isko-
ristite.

– Nema veze, burazeru – rekao bi mi koljač – sa-
mo vi pošaljite sečeni.

Ali, kada bi mu predali hartiju, tražio bi da mu se
spusti cena za nekoliko centi po kili, ili da vrati one
komade koji su previše pocepani, kojih bi, kad se
sve sabere, bilo po dve-tri kile, i tako bih izgubio sve
što sam zaradio; ili ne bi hteo da ga plati, a to bi zna-
čilo da sve izgubim...

Dešavale su se vrlo zabavne nepredviđene teško-
će zbog kojih bismo Monti i ja na kraju prasnuli u
smeh da se ne bismo rasplakali od besa.

Među mušterijama smo imali i nekog svinjara
koji je tražio da zavežljaje hartije odnosimo njego-
voj kući u dan koji on odredi i u dogovoreno vreme,
što nikako nije bilo moguće; drugi bi vratio isporu-
ku i izvređao poštara ako mu ne bi bila izdata priz-
nanica onako kako to zakon propisuje, što je bilo
suvišno; treći bi papir platio tek nedelju dana pošto
bi počeo da ga troši.

A da i ne pominjemo soj turskih trgovaca koji su
dolazili na sajam.

Ako bih se raspitivao za Al Motamida, ne bi me
razumeli ili bi slegali ramenima sekući komad dži-
gerice za mačku neke drske kume.

Onda je čovek morao da potroši celo jutro da sve
to proda, i to ako je spreman da hartiju raznosi na

najneverovatnije udaljenosti, po ulicama u nepoznatim predgrađima, bedne paketiće po dvadeset i pet kila, na čemu bi zaradio sedamdeset i pet centava.

Kada bi se poštar, ćutljiv čovek prljavog lica, uveče vratio sa svojim umornim konjem i neprodatom hartijom, rekao bi:

– Ovaj nisam isporučio – i mrzovoljnim pokretom bacio zavežljaj na zemlju – zato što je kasapin otišao do klanice, a žena je rekla da ne zna ništa i nije htela da ga primi. Drugi ne živi na tom broju, nego je na tom mestu radionica za proizvodnju espadrila. Gde je ova ulica, niko živi nije umeo da mi kaže.

Psovali smo na pasja kola onu bagru što ne zna ni za pristojnost, ni za bilo kakav dogovor.

Drugi put bi se desilo da i Mario i ja uzmemo porudžbinu od iste osobe, a kad mu pošaljemo ono što je naručio, on nam vrati i kaže da je kupio robu od nekog trećeg ko mu je ponudio jeftinije. Neki su bili toliko bestidni da su umeli da kažu i da nisu naručili ništa, i uopšte, ako izgovora i ne bi bilo, izmišljali bi ih.

Kad pomislim da sam zaradio šezdeset pezosa, za tu nedelju primim samo dvadeset i pet ili trideset.

Ama, kakav je to šljam! Trgovci na malo, dućandžije i apotekari! Kako su samo sitničavi, koliko samo zapitkuju i proveravaju!

Dok ne kupe tričavih hiljadu omota s natpisom *Magnezijum* ili *Borna kiselina*, hiljadu puta ih zagledaju i traže da im se unapred pokažu uzorci papira i vrste slova, pa na kraju kažu:

– Videćemo, dođite iduće nedelje.

Mnogo puta sam pomislio da bi se mogla napisati filogenija i psihologija trgovca na malo, čoveka koji nosi kapu dok stoji iza tezge, ima bledo lice i oči hladne poput čelične oštrice.

Ah, zašto nije dovoljno samo izložiti robu!

Ne bi li štogod prodao, čovek mora da bude vešt poput Merkura, da bira reči i pazi šta će smisliti, da obazrivo laska, da govori što ne misli i u šta ne veruje, da se oduševljava sitnicama, da u pravom trenutku upotrebi tužan izraz lica, da se živo zanima za ono što ga ni u ludilu ne zanima, da bude mnogostruk, savitljiv i dovitljiv, da ljubazno zahvaljuje na svakoj sitnici, da ne dozvoli da ga bilo šta zbuni, da ne obraća pažnju kad čuje neki prostakluk, i da trpi, da strpljivo podnosi vreme, kisela i mrzovoljna lica, grube i uvredljive odgovore, da trpi kako bi uspeo da zaradi nekoliko centava, jer, „takav je život".

Kada bi u toj svojoj posvećenosti čovek bio sam... Ali, treba shvatiti da su na istom mestu na kojem smo raspredali o prednostima poslovanja sa nama već stajali mnogi prodavci i nudili istu robu pod različitim uslovima, za dućandžiju sve jedan od drugog povoljniji.

Kako objasniti zašto čovek izabere jednog od mnogih da baš uz njega izvlači dobitak tako što ovome pruža neku korist?

Onda ne bi bilo preterano reći da su između određenog čoveka i dućandžije uspostavljene materijalne i duhovne spone, nesvesna ili prividna veza između ekonomskih, političkih, religioznih, pa čak i društvenih ideja, i da kupoporođajni poduhvat, makar bila reč o paketiću igala, izuzev u slučaju preke nužde, u sebi objedinjuje više teškoća od rešavanja Njutnove binomne teoreme.

Ali, da je samo to!

Osim toga, čovek mora da nauči da se savlađuje kako bi mogao da podnosi sve uvrede koje mu malograđani nanose.

Uglavnom, dućandžije su glupe i lukave osobe niskog porekla koje su se obogatile zahvaljujući teškoj požrtvovanosti, krađi koju zakon ne može da kazni, krivotvorinama koje niko ne otkrije ili koje svi tolerišu.

Običaj da lažu ukorenio se u tu bagru što je svikla da barata malim i velikim kapitalom, uzdigla se zahvaljujući veresiji na koju je dobila majstorsko pismo, i zato ima vojnički duh, to jest, navikla je da se svojim podređenima s omalovažavanjem obraća na ti, a tako postupa i prema strancima prinuđenim da budu u dodiru s njima kako bi mogli da napreduju.

Ah, i kako su samo uvredljivi despotski postupci tih varalica koje su zgrnule bogatstva, i sad iza šaltera u kancelariji popisuju svoju zaradu; kako se samo grče u ubilačkom nagonu te prostačke njuške koje odgovaraju:

— Man'te me se, čoveče, mi kupujemo od najuglednijih proizvođača.

Ipak, tolerišu ih, osmehuju im se, javljaju... jer, „takav je život".

Ponekad, kad završim obilazak, ako mi je usput, svratio bih da proćaskam sa čuvarom kola na pijaci u Floresu.

Bila je poput tolikih drugih.

Na kraju ulice sa kućama okrečenih fasada, preplavljene okeanom sunca, iskrsla bi neočekivano. Vetar je donosio kiselkast miris povrća i nadstrešnice iznad tezgi bacale su senku na kalajisane površine postavljene naporedo sa pločnikom, posred kolovoza.

Još mi stoji slika pred očima.

Sastoji se od dva reda.

Jedan sačinjavaju kasapi, prodavci svinjetine, jaja i sira, a drugi piljari. Niz se otegao drečavo šaren, raskošnih boja, sa bradatim muškarcima u košuljama, kraj korpi punih povrća.

Red počinje tezgama prodavaca ribe, sa žučkastim korpama sa crvenim mrljama koje su ostavili škampi, plavim od gavuna, čokoladnim od morskih plodova, olovnosivim od puževa i kao cink belim od oslića.

Psi se motaju unaokolo otimajući se oko bačenih iznutrica, a prodavci golih maljavih ruku, u keceljama koje im pokrivaju grudi, uhvate ribu za rep kad im to kupci zatraže, jednim zamahom noža je proburaze, noktima pročeprkaju po njoj sve do kičme i izvade joj utrobu, a zatim je jednim oštrim udarcem raspolute.

Nešto dalje, kobasičarke stružu žučkastu drob na svojim kalajisanim tezgama, ili o kuke kače ogromne crvene džigerice.

Ponavlja se deset jednoličnih povika:

– Sveži gavuni... sveži, gospoja.

Drugi glas viče:

– Ovamo... Ovde vam je ono što valja. Pogledajte samo ovo.

Komadi leda posuti crvenom piljevinom polako se tope u senci preko leđa riba u kutijama.

Čim bih ušao, na prvoj tezgi bih upitao:

– Šepavac?

Podbočeni, u prljavim keceljama zategnutim preko trbuha, prodavci na pijaci dovikivali bi unjkavim ili piskavim glasovima:

– Šepavac, dođi 'vamo, Šepavac.

I pošto su ga svi znali, dok su ga dozivali grohotom su se smejali, ali bi Šepavac, koji bi me prepoznao izdaleka, prilazio polako, malo hramajući, kako bi uživao u svojoj popularnosti. Ako bi kraj neke tezge sreo služavku koju poznaje, dodirnuo bi obod šešira vrhom biča.

Kad bi ga zaustavili, on bi se raspričao, smejao se pokazujući krive zube iza usana s kojih se nije skidao mangupski osmeh; pa bi naglo otišao, namignujući krišom kasapskim momcima što prostački zamahuju prema njemu.

– Šepavac... bre, Šepavac... dođi 'vamo – dovikivali bi s druge strane.

Pokvarenjak bi okrenuo uglasto lice u stranu, rekao nam da sačekamo i laktovima prokrčio sebi put kroz gomilu žena kraj tezgi; one koje ga nisu poznavale, pohlepne i svadljive starice, snuždene škrte mlade žene i bledunjavi uobraženi devojčurci su s gorkim nepoverenjem i jedva prikrivenim nezadovoljstvom posmatrale to trouglasto lice pocrvenelo na suncu, preplanulo od bestidnosti.

Bio je to obešenjak koji je voleo da hvata žene za zadnjice kad ih zatekne okupljene.

– Šepavac... dođi 'vamo, Šepavac.

Šepavac je bio omiljen. Osim toga je, kao i sve istorijske ličnosti, voleo da ima prijateljice, da pozdravlja susetke, da se kupa u toj atmosferi dobacivanja i prostakluka kakva se odmah uspostavi između niskog piljara i svim mastima premazane kume.

Kad bi govorio o prljavim stvarima, crveno lice sinulo bi mu kao da su ga namazali slaninom, i grupica kobasičarki, piljarica i prodavačica jaja cerekala bi se na grubijanove šale koje bi po njima sipale gadosti.

Dozivale su:

– Šepavac... dođi 'vamo, Šepavac.

I snažni kasapi, robusni napuljski sinovi, sva ona bradata žgadija što zarađuje za život svojom jadnom trgovinom, sva ona mršava i debela bagra, izopačena i lukava, prodavci ribe i voća, kasapi i mlekarice, sav šljam željan novca uživao je u Šepavčevim prostaklucima, u Šepavčevoj bestidnosti, i olimpijski Šepavac, bez stida i srama, raskalašan, kao kakav simbol pijace pod vedrim nebom, išao je stazom zasutom otpacima stabljika, lišća, kora pomorandže, ljuljajući se u bokovima, ne prestajući da peva ovu opscenu pesmicu:

Što je lepo kad ti da za džabe.

Vrat mu je virio iznad crne gumilastike, ukrašen crvenom maramom. Masni šešir širokog oboda bacao mu je senku na čelo, a umesto čizmica nosio je espadrile od ljubičastog platna ukrašene ružičastim šarama.

S bičem koji nikad nije ispuštao iz ruku hramljući je prolazio s kraja na kraj poređanih kola kako bi konje koji su iz dosade žestoko grizli jedan drugog naterao da ostanu mirni.

Šepavac je, osim što je bio čuvar, bio pomalo i lopov, a kao podvodač-amater morao je biti i kockar od zanata. U suštini, bio je to jedan krajnje ljubazan pikar od kojeg je čovek mogao očekivati bilo kakvu uslugu i pokoju smicalicu.

Govorio je da je učio za džokeja i da mu je noga ostala iščašena zato što su mu drugovi jednog dana za vreme treninga iz zavisti poplašili konja, ali ja mislim da nije stigao dalje od štalskog momka.

Istina, znao je više imena i rasa konja nego zadušna baba svetaca iz kalendara. Njegovo pamćenje bilo je almanah Gota životinjskog plemstva. Kada bi govorio o minutima i sekundama, pomislili biste astronoma da slušate, kada bi govorio o sebi i o tome kakav je to gubitak bio za zemlju kada je izgubila džokeja kao što je on, došlo bi vam da se rasplače.

Kakva zamlata!

Kad mu dođem u posetu, on bi se odmakao od tezge kraj koje je držao banku pred nekim uličarkama, uhvatio me pod ruku i kao uvod rekao:

– Daj cigaru, burazeru... – I prišavši redovima kola, popeli bismo se u ona koja imaju najbolje arnjeve da sednemo i raspredemo priču.

Govorio je:

– Znaš, zavrnuo sam Turčina Solomona. Zaboravio je u kolima ovčiji but, a ja ti zovnem Malog (nekog mog štićenika) i kažem: „Ovo sad brže-bolje seci na komade.“

Pričao je:

– Pre neki dan naiđe neka baba. Selidba, sitan poslić... Ja sam ti bio k'o crkveni miš... Jedan pezos, kažem joj, i dohvatim ribareva kola.

Kakav štrapac, burazeru! Kad se vratim, već je bilo devet i petnaest, a živinče se tako preznojilo, da se isprepadaš. Uhvatim i dobro ga obrišem, al' onaj Španac mora da je nešto ukibio, pošto je juče i danas sto puta dolazio ovamo, samo da vidi da l' su mu kola tu. Sad, kad budem imao drugu vožnju, ići ću kobasičarkinim kolima.

A kada je video moj osmeh, dodao je:

– Mora od nečeg da se živi, čoveče, shvataš li: deset pezosa po komadu, u nedelju ti se opkladim s Njegovim Veličanstvom, Vaskitom i Božanstvenom... i Njegovo Veličanstvo me zavrne.

Ali, kad je primetio dve skitnice kako se šunjaju oko nekih kola na kraju reda razdrao se do neba:

– Bog te maz'o, majku im kurvinsku, šta li rade ovde?

Pa zamahne bičem i potrči do kola. Pošto je pažljivo pregledao hamove i dizgine, vratio se gunđajući:

– Ako mi ukradu neki oglav ili dizgine, gotov sam.

Za kišnih dana imao sam običaj da jutra provodim u njegovom društvu.

Pod arnjevima, Šepavac je umeo da napravi izvanredne foteljice od džakova i sanduka. Znalo se gde je po tome što bi ispod arnjeva kuljali oblaci dima. Da ubije vreme, Šepavac bi dohvatio bič za dršku, kao da je gitara, prevrnuo očima, jače povukao dim iz cigarete i otežući glas, ponekad naduven od hrabrosti, ponekad bolan od pohote, pevao:

Imam sobičak viška i soficu
koja zaslužuje veliku pažnju
i sve sam joj iznajmio,
i sve sam joj iznajmio
da se sama snađe.

Sa šeširom nakrivljenim na uho, cigaretom što mu dimi pod nosem i košuljom razdrljenom na preplanulim grudima, Šepavac je izgledao kao lopov, i ponekad bi mi govorio:

– Zar nije tačno, Žućo, burazeru, da izgledam k'o prava lopina?

Inače bi tihim glasom kroz ogromne kolutove dima iz cigarete pričao priče iz predgrađa, uspomene iz detinjstva koje je proveo u Kabaljitu.

Bile su to uspomene na prepade i pljačke usred bela dana, i imena kao što su Čen Luka, Englez, braća Arevalo, stalno su se provlačila kroz priču.

Šepavac je setno govorio:

– Nego šta, sećam se! Bio sam klinac. Uvek su stajali na uglu ulica Mendes de Andes i Belja Vista, naslonjeni na izlog bakalnice nekog Španca. Španac je bio rogonja. Žena mu je spavala sa drugima i dve ćerke dobila dok se smucala. Nego šta, sećam se! Uvek su bili tamo, sunčali se i zajebavali prolaznike. Prođe neko sa slamnatim šeširom, i uvek se nađe ko će da mu dovikne:

– Ko to jede papke sa krompirom?

– Onaj sa šeširom – odgovorio bi drugi. A tek što su bili ženskaroši! Ako dižeš dževu, istabaju te. Sećam se. Bilo je jedan sat. Naiđe neki Turčin. Ja sam bio s nekim konjem u kovačnici kod Francuza preko puta krčme. Desilo se dok si tren'o okom. Turči-

151

nov šešir odleteo nasred ulice, ovaj je hteo da potegne revolver, i tras, Englez ga obori jednim udarcem. Arevalo mazne kofer, a Čen Luka sanduk. Kad je stig'o žandar, ostali samo šešir i Turčin, koji je plakao razbijenog nosa. Najbezdušniji je bio Arevalo. Bio je dugačak, tamnoput i zrikav. Imao je nekoliko žena. Poslednja koju je mazn'o bila je žena nekog narednika. Već je za njim bila raspisana poternica. Skleptali ga jedne noći s mnogim drugim propalicama u kafanici što je bila tamo preko puta San Eduardove. Pretresli ga, a on nema oružje. Narednik mu stavi lisice i odvede ga. Pre nego što su stigli do Ulice Bogota, Arevalo u pomrčini izvuče bodež koji je umotan u tanku hartiju sakrio u nedrima ispod košulje, i do drške mu ga zarije u srce. Onaj drugi se stropošta na mestu, i Arevalo zbriše; sakrije se u kući neke svoje sestre koja je bila peglerka, ali sledećeg dana ga skleptaju. Kažu da je umro od sušice pošto su ga izmlatili pendrekom.

Takve su bile priče koje je pričao Šepavac. Jednolične, mračne i krvave. Ako bi završio s pričom pre vremena propisanog za zatvaranje pijace, Šepavac bi me pozvao:

– 'Ajde, Žućo, 'оćemo malo da skupljamo otpatke?

– 'Ajde.

Sa vrećom preko ramena, Šepavac bi prošao pored svake tezge i prodavca, a oni bi mu, bez potrebe da im bilo šta traži, dovikivali:

– 'Odi 'vamo, Šepavac, drži.

I on je skupljao mast i kosti sa zaostalim mesom; od piljara, ko mu ne bi dao glavicu kupusa, dao bi mu krompir ili luk, mlekarice malo maslaca, kobasičarke parče džigerice, a Šepavac bi se veselo, sa šeširom nakrivljenim na uho, bičem preko ramena i vrećom u ruci, kao kralj šepurio pred prodavcima, pa se čak ni najveće cicije i bednici ne bi usudili da mu ne daju neki ostatak, pošto su znali da bi im on mogao na razne načine naškoditi.

Kada bi to završio, rekao bi:

– 'Ajde da ručaš sa mnom.

– Neću, čekaju me kod kuće.

– 'Ajde, nemoj da si glup, spremićemo šniclu s prženim krompirima. Posle ću malo da gudim, a ima i vina, vinca iz San Huana od kojeg i pre vremena otkuca ponoć. Kupio sam jedno balonče, pošto pare koje se ne potroše iscure kroz prste.

Dobro sam znao zašto Šepavac navaljuje da ručam s njim.

Hteo je da se posavetuje sa mnom u vezi s nekim svojim izumima – naime, istina – Šepavac je i pored sve svoje lenosti pomalo bio i pronalazač; Šepavac, koji je po sopstvenim rečima odrastao „među konjskim nogama", u vreme dokolice smišljao je mehanizme i izume uz pomoć kojih će pelješiti svoje bližnje. Sećam se kako je jednog dana, kada sam mu objašnjavao čuda galvanoplastike, Šepavac bio toliko oduševljen da je danima pokušavao da me ubedi da zajednički otvorimo kovnicu lažnog novca. Kad sam ga pitao gde bi našao novac, odvratio je:

– Znam ja jednog što ima pare. Ako hoćeš, upoznaću te, pa ćemo da sredimo stvar. Pa... hoćemo li ili nećemo?

– Hoćemo.

Odjednom je Šepavac bacio ispitivački pogled unaokolo, da bi se zatim neprijatnim glasom razdrao:

– Mali!

Mali, koji se svađao sa drugim džabalebarošima svoga soja, pojavio se:

Nije imao ni deset godina, i manje od metar visine, ali na njegovom licu u obliku romba, kao u kakvog Mongola, beda i sve iskustvo skitnje urezali su neizbrisive bore.

Imao je spljošten nos, debele usne, a osim toga je bio i neverovatno kosmat, imao gustu kovrdžavu vunu među čijim uvojcima su mu se gubile uši. Taj štrokavi urođenički lepotan nosio je pantalone koje su mu dosezale do članaka, i crnu košulju poput baskijskog mlekadžije.

Šepavac mu strogo zapovedi:

– Drži ovo.

Mali prebaci vreću preko ramena i brzo ode.

Šepavom je on bio sluga, kuvar, sobar i pomoćnik.

Ovaj ga je uzeo kao što bi uzeo psa, a u zamenu za njegove usluge oblačio ga je i hranio; i Mali je bio verni sluga svoga gospodara.

– Zamisli, molim te – pričao mi je – pre neki dan, kad je neka žena otvorila novčanik kod neke tezge, ispadne joj pet pezosa. Mali ih pokrije nogom i posle ih pokupi.

Idemo kući, a nemamo ni džakče uglja.

– Idi, vidi hoće li ti dati na veresiju.

– Nema potrebe – odgovori mi ludak, i mazne pet pezosa.

– Đavo da ga nosi, nije loš.
– Kad već to zna, umeće i u hajduke da ide. A znaš šta još ume?
– Pričaj.
– Zamisli, molim te!... Jednog dana vidim da je pošao nekud.
– Kud si poš'o? – kažem mu.
– U crkvu.
– Šta koj' moj, u crkvu?
– Znam ja znanje.

I počne da mi priča kako je video da iz kutije okačene na zid kod ulaza, za milostinju, viri ivica jednog pezosa. Ispostavi se da su ga ugurali na silu, i on ga izvadio iglom. Pa je napravio udicu od igle da napeca iz kutije sve pezose koje nađe. Vidiš ti to?...

Šepavac se smeje, i ako sumnjam da je Mali izmislio tu udicu, ne sumnjam da je pravi pecaroš, ali to neću da mu kažem, nego ga potapšem po ramenu i uzviknem:

– Eh, Šepavac, Šepavac!...

I Šepavac se smeje tako da mu se od smeha usne grče i otkrivaju mu zube.

Ponekad noću. – Smilujte se, ko će nam se smilovati.

Na ovoj zemlji ko će nam se smilovati. Jad i beda, nemamo Boga pred kojim bismo ničice pali i sav naš bedni život plače.

Pred kim ću ničice pasti, kome ću govoriti o svom trnju i svojim oporim kupinama, o ovom bolu što me muči u vrelo veče i ne napušta me?

155

Koliko smo samo sitni, i majčica zemlja nas nije htela u svom okrilju pa nas evo gorkih, urušenih od nemoći.

Zašto ne znamo svoga Boga?

Oh! Kad bi On došao jedne večeri i polako nam položio šake na slepoočnice.

Šta bismo još mogli tražiti od Njega? Krenuli bismo uz Njegov osmeh otvoren u zenici i suzama što nam titraju na trepavicama.

Jednog četvrtka u dva po podne, sestra mi je kazala da neko stoji na vratima i čeka me.

Izišao sam i veoma se iznenadio kad sam zatekao Šepavog, odevenog pristojnije nego obično, pošto je svoju crvenu maramu bio zamenio skromnim platnenim okovratnikom, a espadrile na cvetiće upadljivim parom čizmica.

– Zdravo! Otkud ti ovde?

– Jesi li slobodan, Žućo?

– Jesam, zašto?

– Onda iziđi, treba da razgovaramo.

– Kako da ne, sačekaj me trenutak.

I brzo sam stavio okovratnik, uzeo šešir i izišao. Nema potrebe da kažem da sam odmah nešto naslutio, i premda nisam mogao da zamislim šta je cilj Šepavčeve posete, rešio sam da budem na oprezu.

Kad smo izišli na ulicu, zagledao sam se u njegovo lice i shvatio da ima nešto važno da mi kaže, pošto me je krišom posmatrao, ali sam se uzdržao u svojoj radoznalosti i izgovorio samo značajno:

– I...?

– Već danima ne dolaziš na pijacu – primetio je.

– Tako je... bio sam zauzet... A ti?

Šepavac me je ponovo pogledao. Dok smo išli senovitim pločnikom, on je počeo da priča o vremenu; zatim je pričao o siromaštvu, o mukama koje mu zadaju svakodnevni poslovi; rekao mi je i to da su mu u poslednjih nedelju dana ukrali nekoliko dizgina, i kad je iscrpeo temu, zaustavio me je nasred pločnika, uhvatio me pod ruku i odjednom mi sručio u lice:

– Reci mi, brate Žućo, jesi li ti čovek od poverenja ili nisi?

– I dovukao si me ovamo da bi me to pitao?

– Ma, jesi ili nisi?

– Vidi, Šepavče, reci mi, veruješ li ti meni?

– Verujem... ja tebi... nego, reci, može li čovek s tobom da razgovara?

– Naravski, čoveče.

– Vidi, 'ajde onda da uđemo ovde, da popijemo nešto.

I Šepavac pođe do krčme, naruči bocu piva od sudopera, sedosmo za sto u najmračnijem uglu i pošto otpismo, Šepavac reče, kao da svaljuje veliki teret sa srca:

– Moram da te pitam za savet, Žućo. Ti si mi veliki „naučnik". Ali, molim te, burazeru... kumim te, Žućo...

Prekinuo sam ga:

– Slušaj, Šepavče, samo trenutak. Ne znam šta imaš da mi kažeš, ali odmah da ti kažem, ja umem da čuvam tajnu. Ništa ne pitam, i ništa ne govorim.

Šepavac spusti šešir na stolicu. Još je mozgao, i od silne neodlučnosti na njegovom orlovskom profilu su se polako mrdali mišići u vilicama. U zenicama mu je plamteo žar neustrašivosti, i pošto me je oštro pogledao, objasnio je:

– Biće to majstorski posao, Žućo. Najmanje deset hiljada pezosa.

Pogledao sam ga hladno, s onom hladnoćom koja dolazi otuda što sam otkrio tajnu koja može da nam donese ogromnu korist, i odgovorio, kako bih pridobio njegovo poverenje:

– Ne znam o čemu je reč, ali to je malo.

Šepavac je polako zinuo.

– Mi-sliš-da-je ma-lo. Bar deset hiljada pezosa, Žućo... bar toliko.

– Nas smo dvojica – bio sam uporan.

– Troje – odvratio je.

– Sve gore od goreg.

– Ali, treća je moja žena.

I odjednom, ne objasnivši mi svoje ponašanje, izvadi neki ključ, neki pljosnati ključić koji stavi na sto i ostavi ga da tamo leži. Ja ga nisam ni pipnuo.

Pomno mi se zagledao u oči, osmehujući se kao da mu se od ludog veselja nadima duša; na trenutke bi prebledeo; ispio je dve čaše piva jednu za drugom, nadlanicom obrisao usne i rekao glasom koji kao da nije bio njegov:

– Život je lep!

– Jeste, život je lep, Šepavče. Lep je. Zamisli široka polja, zamisli gradove s one strane mora. I žene koje bi sa nama pošle; kao veliki bogataši krstarili bismo prekomorskim gradovima.

– Umeš li da igraš, Žućo?

– Ne, ne umem.

– Kažu da se tamo oni koji umeju da igraju tango žene milionerkama... i ja ću da odem, Žućo, otići ću ja.

– A vetar?

On me pogleda grubo, zatim se sav izobliči od radosti i preko njegovog orlovskog lica razli se velika dobrota.

– Kad bi samo znao koliko sam ga deljao, Žućo. Vidiš ovaj ključ? Od čelične kase je.

Stavio je ruku u džep i izvukavši drugi, duži ključ, nastavio:

– Ovaj je od vrata na sobi u kojoj se sef nalazi. Napravio sam ga za jednu noć, Žućo, turpijaj li turpijaj. Namučio sam se kao žuti.

– Ona ti ih je donela?

– Jeste, prvi sam napravio pre mesec dana, drugi prekjuče. Čekao sam te na pijaci, ali tebe ni od korova.

– I sad?

– Hoćeš li da mi pomogneš? Idemo po pola. Deset hiljada pezosa, Žućo. Juče ih je stavio u sef.

– Otkud znaš?

– Išao je u banku. Doneo gomilu novčanica. Ona ih je videla i rekla mi da su sve crvene.

– I daćeš mi pola?

– Hoću, pola-pola, pristaješ?

Naglo sam se uspravio u stolici, praveći se da me je obuzelo oduševljenje.

– Čestitam, Šepavče, čudesno je to što si smislio.

– Misliš, Žućo?

– Ni pravi majstor ne bi isplanirao tu stvar tako dobro kao ti. Ne zamajavam te. Sve je čisto.

– Je l' tako, a...?

– Čisto, brate. Ženu ćemo da sakrijemo.

– Nema potrebe, iznajmio sam već sobu s podrumom; prvih dana ću tu da je skembam. Posle ću da je preobučem u muškarca, pa je vodim na sever.

– Hoćeš da krenemo, Šepavče?

– Da, 'ajdemo...

Krošnje platana štitile su nas od sunčane žege. Šepavac je zamišljeno ispuštao dim iz cigarete na usta.

– Ko je vlasnik kuće? – upitao sam ga.

– Neki inženjer.

– Ah, inženjer je?

– Jeste, ali gukni, Žućo, pristaješ li?

– Zašto da ne... Pristajem, čoveče... Već mi je dosadilo da šipčim prodajući hartiju. Uvek isti život: ubijaš se ni za šta. Reci mi, Šepavče, ima li ovaj život smisla? Radimo da bismo jeli i jedemo da bismo radili. Šipak zabava, šipak slavlja, svakog dana isto, Šepavče. To više ne može da se podnese.

– Naravno, Žućo, u pravu si... Znači, pristaješ?

– Pristajem.

– Onda ćemo večeras u napad.

– Tako brzo?

– Jeste, on izlazi svake večeri. Ide u klub.

– Oženjen je?

– Nije, živi sam.

– Daleko odavde?

– Ne, na uglu ispred Ulice Naska. U Ulici Bogota. Ako hoćeš, idemo da vidimo kuću.

– Na sprat?

160

– Nije, prizemna, ima baštu ispred. Sva vrata vode na terasu. Okolo je zemljana staza.

– A ona?

– Služavka je.

– A ko kuva?

– Kuvarica.

– Onda, ima para.

– Da samo vidiš kuću! Unutra ima svega i svačega!

– A u koliko sati večeras krećemo?

– U jedanaest.

– I ona će biti sama?

– Hoće, kuvarica ide svojoj kući čim završi.

– Ma, je l' to sigurna stvar?

– Sigurna. Fenjer je na pola bloka odatle, ona će da ostavi otvorena vrata, mi uđemo i pravo u kancelariju, pokupimo kintu, na licu mesta je podelimo i ja nju vodim u skrovište.

– A žandari?

– Žandari... žandari kupe one koji imaju dosije. Ja radim kao čuvar kola, a osim toga, stavićemo rukavice.

– Da ti dam jedan savet, Šepavče?

– I dva.

– Dobro, slušaj me. Prvo što treba da uradimo jeste da ne dozvolimo da nas danas vide tamo. Može neki komšija da nas prepozna, i da završimo u bajboku. Osim toga, nema razloga, ako ti već znaš kuću. Savršeno. Drugo: U koliko inženjer izlazi?

– Između pola deset i deset, ali možemo da motrimo na njega.

– Sef ćemo da otvorimo za deset minuta.

– Ni toliko, ključ je već isproban.

– Čestitam ti na predostrožnosti... Znači, možemo da odemo u jedanaest.

– Tako je.

– A gde ćemo da se nađemo?

– Bilo gde.

– Ne, moramo da budemo oprezni. Ja ću biti u Orhidejama u pola jedanaest. Ti uđi, ali nemoj da mi se javljaš, ništa nemoj da radiš. Sedneš za drugi sto i u jedanaest krećemo, ja za tobom, uđeš u kuću, uđem i ja, a posle svako na svoju stranu.

– Tako ćemo da izbegnemo svaku sumnju. Dobro smišljeno... Imaš li ti revolver?

– Nemam.

Odjednom je oružje blesnulo u njegovoj ruci i pre nego što sam uspeo da ga sprečim on mi ga je spustio u džep.

– Ja imam drugi.

– Nema potrebe.

– Čovek nikad ne zna šta može da se desi.

– A ti bi mogao nekoga da ubiješ?

– Ja... Kakvo pitanje, naravno!

– Ah!

Ljudi koji su prošli pored nas naterali su nas da zaćutimo. S plavetnog neba spuštala se nekakva radost koja se u mojoj grešnoj duši cedila u tugu. Setivši se pitanja koje mu nisam postavio, rekao sam:

– A kako će ona znati da dolazimo večeras?

– Javiću joj telefonom.

– A inženjer preko dana nije kod kuće?

– Nije, ako hoćeš, sad ću da je zovem.

– Odakle?

– Iz ove apoteke.

Šepavac je ušao da kupi aspirin i ubrzo potom izišao. Već je bio razgovarao sa ženom.

Posumnjao sam nešto i da razjasnim stvar, dodao:

– Ti si računao na mene za ovu stvar, zar ne?

– Jesam, Žućo.

– Zašto?

– Eto, tako.

– Sad je sve spremno.

– Sve.

– Imaš li ti rukavice?

– Imam.

– Ja ću da stavim čarape, ista stvar.

Onda smo zaćutali.

Celog popodneva šetali smo nasumice, zadubljeni u misli, obuzeti različitim idejama.

Sećam se da smo svratili u neku kuglanu.

Tamo smo pili, ali život je se vrteo pred nama kao pejzaž pred očima pijanice.

Odavno uspavane slike su se kao oblaci navukle u moju svest, zasleplujući sjaj sunca, težak san ophrvao mi je čula i na trenutke sam brzo pričao bez ikakvog smisla.

Šepavac me je rasejano slušao.

Odjednom je neka tanana misao počela da se račva u mom duhu, osetio sam kako napreduje kroz vrelu utrobu, bila je hladna poput mlaza vode i dotakla mi je srce.

– A da ga ocinkarim?

Pribojavajući se da ne uhvati moju misao, uplašeno sam pogledao Šepavog, koji je u senci nekog drveta pospanim pogledom posmatrao razbacane kugle.

Bilo je to mračno mesto, zgodno da se na njemu začnu surove misli.

Ulica Široka Naska gubila se na vidiku. Uz katranom premazan zid neke visoke zgrade krčmar je sklepao daščaru obojenu u zeleno, a na ostatku zemljišta pružale su se naporedne trake zemlje posute peskom.

Nekoliko metalnih stolova nalazilo se na različitim mestima.

Ponovo sam pomislio:

– A da ga ocinkarim?

Brade naslonjene na grudi i šešira natučenog na čelo, Šepavac je bio zaspao. Zrak sunca padao mu je na noge u pantalonama umrljanim mašću.

Tada mi je neki veliki prezir ispunio duh taštinom i ja sam ga zovnuo, naglo ga uhvativši za ruku:

– Šepavče.

– A... šta... šta je bilo?

– Hajdemo, Šepavče.

– Kuda?

– Kući. Moram da spremim odeću. Večeras napadamo, a sutra brišemo.

– Naravno, idemo.

Kad sam ostao sam, razni strahovi počeli su da niču u mojoj glavi. Video sam kako životarim među svim ljudima. Moj se život sramno vukao među njima i svako od njih mogao me je dodirnuti prstom. I više nisam bio svoj, zanavek.

Govorio sam sebi:

– Ako to uradim, uništiću život najplemenitijeg čoveka koga sam upoznao.

Ako to uradim, osudiću sebe na večno prokletstvo.

I biću sam, i biću poput Jude Iskariotskog.

Celog života nosiću u sebi muku.

Svakoga dana nosiću u sebi muku!...

I video sam sebe kako se širim kroz prostore unutrašnjeg života kao sramota od koje se i sam stidim.

Onda bih uzalud pokušavo da se sakrijem među neznancima. Sećanje bi bilo u meni poput kvarnog zuba i njegov smrad bi potro svaki miris na zemlji, ali kada bih tu činjenicu stavio daleko od sebe, za moju izopačenost bi to beščašće bilo zanimljivo.

– Zašto da ne?... Onda ću čuvati tajnu, mračnu tajnu, gnusnu tajnu koja će me terati da istražujem gde je izvor mojih mračnih korena. I kad ne budem imao šta da radim, kad budem tužan misleći na Šepavca, pitaću se: „Zašto sam bio takav šljam?" i neću smeti da odgovorim sebi na to, i dok tako tragam osetiću kako se u meni otvaraju čudesni duhovni vidici.

Uostalom, to bi mogao biti i koristan posao.

U stvari – nisam mogao a da to sebi ne kažem – ja sam sumanut čovek s primesama lupeža; ali Rokambol nije bio ništa manje takav: ubijao je... Ja ne ubijam.

Za nekoliko franaka, lažno je svedočio protiv čika Nikole i oterao ga na giljotinu. Staru Fiparovu, koja ga je volela kao majka, zadavio je, ubio... Ubio je kapetana Vilijamsa, kome je dugovao svoje milione i svoju titulu markiza. Koga li nije izdao?

Odjednom sam se sa čudesnom jasnoćom prisetio ovog odlomka iz dela:

„Rokambol je na trenutak zaboravio svoje telesne bolove. Zatvorenik čija su leđa bila sva u modricama od batina koje je dobio od nadzornika osećao se kao opčinjen: učinilo mu se da gleda kako pred njegovim očima kao ošamućujući kovitlac prolaze Pariz, Jelisejska polja, Italijanski bulevar, ceo onaj zaslepljujući svet svetlosti i šumova u čijem je okrilju ranije živeo."

Pomislio sam:

– A ja?... Da li ću i ja biti takav...? Da li ću uspeti da ponesem onako raskošnu sliku kao Rokambol?

I reči koje sam ranije uputio Šepavcu ponovo su mi odjeknule u ušima, ali kao da ih izgovaraju neka druga usta:

– Da, život je lep, Šepavče... Lep je. Zamisli prostrana polja, zamisli gradove s one strane mora. Žene koje će poći sa nama, a mi ćemo poput velikih bogataša krstariti prekomorskim gradovima.

U ušima mi je polako svrdlao neki drugi glas:

– Šljam... ti si šljam.

Usta mi se iskriviše. Setio sam se nekog kretena koji je živeo pored moje kuće i koji je unjkavim glasom stalno govorio: „Ma, nisam ja kriv."

– Šljam... ti si šljam...

„Ma, nisam ja kriv."

– Eh, šljam... šljam...

Nije me briga... I biću lep kao Juda Iskariotski. Celog života nosiću bol... bol... Teskoba će mi otvoriti oči za velike duhovne vidike... Ama, šta se toli-

166

ko zamajavam! Zar ja nemam pravo...? Zar ja...? I biću lep kao Juda Iskariotski... i celog života nosiću bol... Ali... Ah, život je lep, Šepavče... lep je... a ja... ja ću tebe da uništim, da zakoljem... zavrnuću ja tebe... da, tebe... tebe koji „imaš kefalo"... koji si „lisac"... uništiću ja tebe... da, tebe, Šepavče... I onda... onda ću biti lep kao Juda Iskariotski... i nosiću bol... bol... Svinjo!

Velike zlatne mrlje zastrle su vidik na kojem su poput kalajisanih perjanica nicali olujni oblaci oivičeni vrtlozima narandžastih velova.

Podigao sam glavu i u blizini zenita među zavesama oblaka video kako slabo svetluca neka zvezda. Reklo bi se da je ustreptala kapljica vode u pukotini na plavetnom porcelanu.

Nalazio sam se u četvrti koju je Šepavac naznačio.

Bujni žbunovi bagrema i kaline bacali su senku na pločnike. Ulica je bila mirna, romantično buržujska, s obojenim metalnim ogradama ispred bašti, uspavanim vodoskocima među žbunjem i ponekim okrnjenim gipsanim kipom. Neki klavir je odjekivao kroz večernji mir i ja sam se osećao kao da lebdim na zvucima, poput kaplje rose koja se penje uz stabljiku. Iz nekog nevidljivog ružičnjaka dopro je takav nalet mirisa da su mi od opijenosti klecnula kolena kada sam na bronzanoj pločici čitao:

ARSENIO VITRI – Inženjer

Bila je to jedina pločica u tri bloka unaokolo na kojoj je bila ispisana ta profesija.

167

Kao i u drugim kućama, vrt u cvatu pružao se ispred salona i završavao se popločanim puteljkom koji je vodio do zastakljenih kliznih vrata; zatim se nastavljao lomeći se pod pravim uglovima duž zidova susedne kuće. Iznad balkona, staklena kupola štitila je dovratak od kiše.

Stao sam i pritisnuo zvonce.

Klizna vrata su se otvorila i ugledao sam mulatkinju gustih obrva i opakog pogleda, koja me je stojeći u okviru dovratka neljubazno upitala šta hoću.

Kad sam pitao da li je inženjer kod kuće, odgovorila mi je da će videti, i vratila se da me pita ko sam i šta želim. Ne gubeći strpljenje, odgovorio sam joj da se zovem Fernan Gonsales, po profesiji crtač.

Mulatkinja je ponovo ušla, vratila se smirenija i pustila me da uđem.

Prošli smo kraj nekoliko vrata sa zatvorenim kapcima, ona je odjednom otvorila vrata radne sobe i ja sam za pisaćim stolom levo od svetiljke sa zelenim abažurom video pognutu sedu glavu; čovek me je pogledao, pozdravio sam ga, i on mi je dao znak da uđem. Zatim je rekao:

– Samo trenutak, gospodine, i biću s vama.

Osmotrio sam ga. Bio je mlad uprkos sedoj kosi. Na licu mu se video se izraz umora i melanholije. Oči su mu bile duboko usađene i sa dubokim kolutovima oko njih koji su sa kapcima činili trougao, a pomalo oklembešene uglove usana pratilo je držanje glave, sad naslonjene na dlan i nadnete nad neki papir.

Zid u sobi krasili su planovi i nacrti raskošnih građevina; zadržao sam pogled na biblioteci punoj knjiga i uspeo da pročitam naslov: *Zakon o gazdovanju vodama*, kad me je gospodin Vitri upitao:

– Čime mogu da vam pomognem, gospodine?

Utišavši glas, odgovorio sam:

– Oprostite, gospodine, pre svega, jesmo li sami?

– Pretpostavljam da jesmo.

– Dozvoljavate li da vam postavim jedno možda neumesno pitanje? Niste oženjeni, zar ne?

– Nisam.

Sada me je posmatrao ozbiljno, i njegovo ispijeno lice polako je, da tako kažem, poprimalo oštrinu koja se širila u drugu, još ozbiljniju.

Zavalivši se u stolici, zabacio je glavu; njegove sive oči strogo su me ispitivale, na trenutak se zadržale na čvoru na mojoj kravati, zatim na mojoj zenici, i izgledalo je da onako nepomične u svojim očnim dupljama očekuju da će na meni otkriti nešto neobično.

Shvatio sam da treba da prestanem da vrdam.

– Gospodine, došao sam da vam kažem da će noćas pokušati da vas opljačkaju.

Očekivao sam da ću ga iznenaditi, ali sam pogrešio.

– Ah, ma nemojte... A otkud vi to znate?

– Znam zato što me je lopov pozvao da mu se pridružim. Osim toga, podigli ste poveću sumu novca iz banke i stavili ga u čeličnu kasu.

– Tačno...

– Lopov ima ključ tog sefa, kao i sobe u kojoj se on nalazi.

– Videli ste ga? – I izvadivši iz džepa svežanj ključeva, pokaza mi ključ sa izuzetno debelim perima.

– Ovaj?

– Ne, drugi – i izdvojih tačno onakav kakav mi je Šepavac pokazao.

– Ko su lopovi?

– Podstrekač je neki čuvar kola zvani Šepavac, a saučesnik je vaša služavka. Ona vam je noću uzela ključeve, a Šepavac je za nekoliko sati napravio druge, iste takve.

– A kakvo je vaše učešće u celoj toj stvari?

– Ja... ja sam na to veselje pozvan kao običan poznanik. Šepavac je došao mojoj kući i pozvao me da mu se pridružim.

– Kad ste se videli?

– Otprilike, danas u podne.

– A pre toga, niste bili upućeni u to što je ta osoba spremala?

– U to šta je spremao, nisam. Poznajem Šepavca; upoznali smo se dok sam prodavao hartiju trgovcima na pijaci.

– Znači, bili ste mu prijatelj... Čovek samo prijatelju poverava tako nešto.

Pocrveneo sam.

– Nije baš prijatelj... Ali, oduvek me je zanimala njegova psihologija.

– Ništa više?

– Ne, zašto?

– Rekoh... Nego, u koliko je sati večeras trebalo da dođete?

– Osmatrali bismo dok ne odete u klub, zatim bi nam mulatkinja otvorila vrata.

– Dobro smišljen plan. Gde stanuje taj takozvani Šepavac?

– U Ulici Kondarko 1375.

– Odlično, sve će biti u redu. A gde vi stanujete?

– U Ulici Karakas 824.

– Dobro, dođite večeras u deset. Tada će već sve biti na sigurnom. Vaše ime je Fernan Gonsales.

– Ne, izmislio sam ime za slučaj da je mulatkinja preko Šepavca već saznala da ću ja možda učestvovati u celoj stvari. Zovem se Silvio Astijer.

Inženjer pritisnu zvonce i osvrnu se oko sebe; nekoliko trenutaka kasnije pojavila se služavka.

Lice Arsenija Vitrija ostalo je bezizražajno.

– Gabrijela, gospodin će doći sutra izjutra po ovaj svitak planova – i pokaza joj pregršt hartije ostavljene na stolici. – U slučaju da ne budem kod kuće, dajte mu ga.

Zatim je ustao, hladno mi stegao ruku, i ja iziđoh u pratnji služavke.

Šepavac je bio uhapšen u pola deset uveče. Živeo je u sobičku sklepanom od dasaka na međuspratu zgrade u kojoj su živeli skromni ljudi. Policijski agenti koji su ga čekali od Malog su saznali da je Šepavac stigao, „preturao malo po robi i otišao“. Pošto nisu znali na koja mesta obično odlazi, na prepad su uhvatili kućepaziteljku, predstavili joj se kao policijski agenti i preko strmog stepeništa ušli u Šepavčevu sobu. Tamo izgleda nije bilo ničega značajnog. Ipak, što je neobjašnjivo i besmisleno, ključevi su stajali okačeni o klin tako da ih može videti ko god uđe u sobu: ključ od čeličnog sefa i ključ od vrata radne sobe. U kanti od kerozina su među krpama našli revolver i na dnu, gotovo sakrivene, isečke iz novina. U njima je pisalo o pljački čije počinioce policija nikad nije otkrila.

Pošto je u vestima iz novina pisalo o tom zločinu, s razlogom se pretpostavilo da je Šepavac bio umešan u tu stvar, a iz predostrožnosti je uhapšen i Mali, to jest, poslali su ga s agentom u policijsku stanicu u kvartu.

Na mansardi se nalazio i beli pisaći sto od čamovine, s fiokom sa strane. Tu je pronađen neka časovničarska brusilica i komplet tankih turpija. Na nekima se videlo da su nedavno korišćene.

Pošto su zaplenjeni svi dokazi o zločinu, ponovo je pozvana kućepaziteljka.

Bila je to bezočna škrta starica; na glavu je stavljala crnu maramu čije je krajeve vezivala ispod brade. Na čelo su joj padali pramenovi sede kose, i kada bi govorila vilica joj se kretala neverovatnom brzinom. Njena izjava nije bacila mnogo svetlosti na Šepavca.

Poznavala ga je tri meseca. Plaćao je redovno i radio svakog jutra.

Kada su je pitali ko je lopovu dolazio u posetu, rekla je nešto neodređeno; ipak, setila se „da je u prošlu nedelju svratila neka crnkinja u tri popodne a izišla u šest, zajedno s Antonijem".

Pošto je odbačena svaka sumnja da je u dosluhu s njim, naređeno joj je da ništa ne govori, što je starica obećala da će poslušati iz straha od kasnijih posledica, i dvojica agenata vratila su se na mansardu da sačekaju Šepavog, pošto je inženjer izričito tražio da bude uhapšen van njegove kuće, kako bi mu zaslužena kazna bila manja.

Možda je pomislio da sam i ja umešan u Šepav-
čevu nameru.

Njuškala su bila uverena da neće doći, da će ve-
rovatno večerati u nekom restoranu u predgrađu i
opiti se kako bi skupio hrabrost, ali su se prevarili.

Tih dana Šepavac je bio dobio pare na nekim op-
kladama. Pošto se rastao od mene, vratio se na
mansardu, a malo kasnije pošao do kupleraja u ko-
ji je odlazio. Skoro u vreme kada se zatvaraju rad-
nje, ušao je u prodavnicu putnih kovčega i kupio ko-
fer.

Zatim se vratio u sobu, nemajući pojma šta ga če-
ka. Penjao se stepenicama pevušeći tango uz čije je
zvuke lupkanje kofera o stepenike bilo upadljivije.

Kad je otvorio vrata, spustio je kofer na pod.

Stavio je ruku u džep da izvadi kutiju šibica, i u
tom trenutku ga je snažan udarac u grudi naterao se
zatetura, dok ga je drugi žandar uhvatio za ruku.

Ne treba ni sumnjati da je Šepavac shvatio o če-
mu je reč, pošto je učinio očajnički napor i oteo se.

Stražari su se, kad su pokušali da pođu za njim,
spotakli o kofer i jedan od njih skotrljao se niz ste-
penice, a revolver mu je ispao iz džepa i opalio.

Prasak je isprepadao stanare kuće i taj pucanj je
pogrešno pripisivan Šepavcu, koji ni na vrata nije
uspeo da iziđe.

Tada se desilo nešto jezivo.

Kad je staričin sin, po zanimanju mesar, saznao
od majke šta se dešava, uzeo je svoju palicu i jurnuo
za Šepavcem.

Stigao ga je na trideset koraka odatle. Šepavac je
trčao vukući obogaljenu nogu, a štap mu je odjed-

nom zakačio ruku, glava se okrenula i palica odjeknula po njegovoj lobanji.

Ošamućen udarcem, pokušao je da se odbrani jednom rukom, ali žandar koji je bio pristigao podmetnuo mu je nogu i drugi udarac štapom koji ga je zakačio po ramenu, oborio ga je. Dok su mu stavljali lisice, Šepavac je urlikao od bola.

– Jao, mamice!

Sledeći udarac ga je ućutkao, i ljudi su videli kako nestaje niz mračnu ulicu, ruku vezanih lancima koje su policijski agenti što su išli kraj njega besno uvrtali.

Kada sam stigao u kuću Arsenija Vitrija, Gabrijela više nije bila tu.

Uhapšena je nekoliko trenutaka pošto sam ja izišao.

Policijski istražitelj koji je pozvan pred inžinjerom je počeo istragu. Mulatkinja u početku ništa nije htela da prizna, ali kad su je slagali da je Šepavac uhapšen, ona se rasplakala.

Svedoci događaja nikada neće zaboraviti taj prizor.

Tamnoputa žena se, saterana u ćošak, sevajući očima osvrtala na sve strane, poput zveri kad se sprema da nasrne.

Neverovatno je drhtala; ali kada su joj ponovili da je Šepavac uhapšen i da će zbog njega nagrabusiti, ona se tiho rasplakala; plakala je tako žalosno da su prisutni nabirali veđe... i odjednom je digla ruke, prsti su joj zastali u zamršenoj kosi, izvukla je češljić i rasuvši vlasi preko leđa sklopivši ruke i kao poludela zureći u prisutne rekla:

– Da, tačno je... tačno je... Idemo... idemo kod Antonija.

U policijsku stanicu su je odvezli na taljigama.

Arsenio Vitri me je primio u radnoj sobi. Bio je bled i njegove oči nisu me pogledale kad mi je rekao:

– Sedite.

Iznenada, bezizražajnim glasom me je upitao:

– Koliko vam dugujem za vašu uslugu?

– Kako...?

– Tako je, koliko vam dugujem...? Pošto vama može samo da se plati.

Shvatio sam sav prezir koji mi je sasuo u lice.

Prebledevši, ustao sam:

– Naravno, meni možete samo da platite. Zadržite svoj novac koji vam nisam ni tražio. Zbogom.

– Ne, hajdete, sedite... Recite mi, zašto ste to uradili?

– Zašto?

– Da, zašto ste izdali druga? I to bez razloga. Nije vas stid što imate tako malo dostojanstva u svojim godinama?

Pocrvenevši do korena kose, odgovorio sam mu.

– Tačno je... Ima trenutaka u životu kad imamo potrebu da budemo šljam, da se uprljamo iznutra, da uradimo nešto sramno, šta ja znam... da nekom čoveku zauvek uništimo život... I kad to uradimo, možemo mirno da nastavimo svojim putem.

Vitri me više nije gledao u lice. Pogled mu je bio uprt u čvor na mojoj kravati i njegovo lice sve više je poprimalo ozbiljan izraz koji je prelazio u drugi, užasniji.

Nastavio sam:

– Vi ste me uvredili, a ipak, meni to nije važno.

– Mogao sam da vam pomognem – promrmljao je.

– Mogli ste da mi platite, a sad čak ni to, pošto se ja, uprkos svoj svojoj ništavnosti, zbog svoje smirenosti osećam nadmoćan nad vama – i odjednom se razbesnevši, doviknuh mu:

– Ko ste vi...? Još mi se čini da sanjam da sam izdao Šepavog.

Blagim glasom, on je odvratio:

– A zašto ste takvi?

Velik umor brzo me je savlađivao i sručio sam se u stolicu.

– Zašto? Bog će znati. Makar prošlo i hiljadu godina neću moći da zaboravim Šepavčevo lice. Šta li će biti s njim? Bog zna; ali sećanje na Šepavca ostaće zauvek u meni, biće u mom duhu poput uspomene na dete koje se izgubilo. Mogao bi da dođe da mi pljune u lice i ja mu ni reč ne bih rekao.

Ogromna tuga prošla je kroz moj život. Kasnije ću se uvek sećati tog trenutka.

– Ako je tako – promucao je inženjer, i odjednom se uspravivši, blistavog pogleda uprtog u čvor na mojoj kravati, promrmljao kao u snu:

– Sami ste rekli. Tako je. Sproveden je surov zakon koji se nalazi u čoveku. Tako je. Tako je. Spro-

veden je zakon surovosti. Tako je; ali, ko vam je re-
kao da je to zakon? Gde ste to naučili?

Odgovorio sam:

– To je kao da se ceo jedan svet odjednom sručio
na nas.

– Ali, znali ste da ćete jednog dana postati kao
Juda?

– Nisam, ali sam sada miran. Ići ću kroz život kao
da sam mrtav. Ovako život vidim kao veliku žutu
pustinju.

– Ne brine vas to stanje?

– Zašto bi? Život je velik. Pre jednog trenutka či-
nilo mi se da je ono što sam uradio bilo predskaza-
no još pre deset hiljada godina; zatim sam mislio da
će se svet raspasti, da sve dobija čistije boje i da lju-
di nisu toliko nesrećni.

Detinjast osmeh pojavio se na Vitrijevom licu.
Rekao je:

– Tako vam se čini?

– Da, jednom će se to i dogoditi... Dogodiće se
da ljudi idu ulicom pitajući jedni druge: Da li je ovo
tačno, da li je tačno?

– A vi, recite mi, nikad niste bili bolesni?

Shvatio sam na šta misli i s osmehom nastavio:

– Nisam... Znam šta mislite... Ali saslušajte me...
Nisam lud. Ima neka istina, ima... a to je saznanje
da će život za mene uvek biti izvanredno lep. Ne
znam da li ljudi osećaju snagu života ovako kako je
ja osećam, ali u meni postoji nekakva radost, neka
vrsta nesvesnog ispunjenog radošću. – Iznenadna
lucidnost sada mi je dozvolila da shvatim razloge
svojih prethodnih postupaka, pa sam nastavio:

177

– Nisam ja izopačen, samo sam radoznao da upoznam tu ogromnu snagu u sebi...

– Nastavite, nastavite...

– Sve me iznenađuje. Ponekad imam osećaj da sam na zemlju došao pre samo sat vremena i da je sve novo, blistavo, prelepo. Tada mi dođe da grlim ljude na ulici, stao bih nasred pločnika da im kažem: Ali, zašto su vaša lica tako tužna? Pa život je lep, lep... Zar ne mislite?

– Jeste...

– I to što znam da je život lep raduje me, izgleda kao da je sve puno cveća... Poželim da kleknem i zahvalim Bogu što nam je dao da se rodimo.

– A vi verujete u Boga?

– Verujem da je Bog radost života. Kad biste samo znali! Ponekad mi se čini da mi je duša velika kao crkva u Floresu... I poželim da se smejem, da iziđem na ulicu i da prijateljski pesnicom lupkam ljude...

– Nastavite...

– Nije vam dosadno?

– Nije, nastavite.

– Nevolja je u tome što tako nešto čovek ne može prosto da kaže ljudima. Mislili bi da je lud. A ja sebi kažem: šta da radim s ovim životom koji je u meni? A voleo bih da ga dajem... da ga poklanjam... da prilazim ljudima i da im govorim: Morate da budete veseli, znate? Morate da se igrate gusara... da pravite gradove od mramora... da se smejete... da pravite vatromet.

Arsenio Vitri ustade i kroz smeh reče:

– Sve je to vrlo lepo, ali mora da se radi. Čime mogu da vam budem na usluzi?

Razmislio sam na trenutak, zatim:

– Čujte; voleo bih da odem na jug... u Neuken... Tamo gde ima leda i oblaka... i visokih planina... Voleo bih da vidim planine...

– Savršeno; pomoći ću vam i naći ću vam nameštenje na Komodoru; ali sada idite, pošto imam posla. Uskoro ću vam pisati... Ah, i čuvajte svoju radost; vaša je radost mnogo lepa...

I njegova ruka snažno steže moju. Spotaknuh se o stolicu... i iziđoh.

O piscu i delu

Priča o Robertu Arltu može nas povesti u raznim pravcima: sve niti argentinske književnosti XX veka upravo se u njemu vezuju u petlju. Neka ta petlja bude petlja na ženskim čarapama, oko koje se ovaj pisac mučio do poslednjeg dana: kako ojačati ženske čarape tako da im „ne ide petlja"?

Ali, počnimo od početka.

Roberto Arlt se rodio 26. aprila 1900. godine u Buenos Ajresu, u četvrti Flores, u skromnoj porodici nemačkog emigranta Karla Arlta i Tršćanke Ekaterine Jobštrajbicer. Kao dečak je sanjao da bude pirat i pronalazač, kako je 1930. godine zabeležio u svojim *Bakropisima*. Bio je čitalac halapljiv poput junaka romana *Besomučna igračka*, Silvija Astijera, čiji najdraži pisci su Bodler, Dostojevski, Baroha, a najdraže knjige avanturistički romani o Rokambolu. Godine 1916. zbog svađa sa ocem napustio je školu i roditeljsku kuću i počeo da se bavi raznim poslovima: bio je prodavac u knjižari, šegrt kod mehaničara, limar, trgovački putnik...

Prvu priču, *Jehova*, objavio je 1918. i odmah zatim počeo da piše *Besomučnu igračku*, roman koji je završio i objavio 1926. godine.

U međuvremenu, 1920. je u časopisu *Tribuna Libre* objavio ogled „Okultne nauke u gradu Buenos Ajresu" i 1921. otišao da u gradu Kordobi odsluži vojsku. U tom gradu je upoznao Karmen Antinući, kojom se oženio godinu dana kasnije; u tom gradu mu se rodila i ćerka Mirta. Po povratku u Buenos Ajres u časopisu *Proa* 1925. je objavio dva poglavlja romana *Besomučna igračka*, a sledeće godine počeo je da sarađuje sa humorističkim časopisom *Don Gojo*.

Godina 1926. predstavlja prelomnu godinu u modernoj argentinskoj književnosti. Te godine su se pojavili Arltov prvi roman, *Besomučna igračka* i poslednji roman Rikarda Guiraldesa, *Don Segundo Sombra*, dva izuzetno različita romana koje razdvaja koliko način pisanja toliko i ideologija.

Sledeće godine Arlt je počeo da radi za izuzetno tiražne dnevne novine *Kritika*. Pisao je crne hronike, odnosno, „beleške o kasapima i opsenarima", kako ih je nazivao, a sve to iz „potrebe za punim tanjirom" (*Portenjski bakrorezi*, 1950).

Godinu dana kasnije, u maju 1928, postao je kolumnista u dnevniku *El Mundo*, objavljivao *Portenjske bakropise* i nekoliko priča, od kojih će prva, „Drski grbavac", dati naslov zbirci priča iz 1933. godine. Godine 1929. objavio je drugi roman, *Sedam ludaka*, a dve godine kasnije *Bacače plamena*.

U maju 1930, Arlt je putovao u Urugvaj i Brazil, odakle je slao *Urugvajske bakroreze*, sakupljene u knjigu 1996. Godine 1932. objavio je poslednji roman, *Ljubav čarobnica*, osudu buržoaskog braka, njegovog lažnog morala i materijalnih interesa.

Zatim se okrenuo pozorištu: 1932. premijerno je prikazana drama *Trista miliona*, a zatim su usledili *Do-*

kaz ljubavi, Saverio surovi, Proizvođač aveti, Pusto ostr-vo, Afrika, Čelično veselje i *Pustinja ulazi u grad*. Poslednja drama nije postavljena na scenu zbog iznenadne smrti autora. Tokom svih tih godina, Arlt je nastavio da piše *Bakroreze* za *El Mundo*, i obično ih objavljivao pod naslovom *Portenjski bakrorezi*, ali u zavisnosti od teme, to su mogli biti i *Pozorišni bakrorezi, Rečni bakrorezi* (pisani s putovanja brodom u avgustu 1930. godine), *Patagonski bakrorezi* (januar i februar 1934), *Pakao u Santjagu* (o katastrofalnoj suši u ovoj argentinskoj provinciji, u decembru 1937), *Bolnice u bedi* (januar i februar 1933), a u avgustu 1939. seriju je nastavio pod naslovom *Bolnički problem*.

U Španiju je putovao, ponovo kao novinar, 1934. godine. Iskrcao se na Kanarskim ostrvima, a zatim prošao i celo Pirinejsko poluostrvo. S tog putovanja pisao je *Pisma iz Španije* i *Pisma iz Madrida*, u kojima se bavio stanjem u zemlji posle pobede levice, pisao o atentatima i ambijentu koji će dve godine kasnije dovesti do građanskog rata. Po povratku iz Španije, u julu 1935, Arlt se kratko vreme bavio i filmom, ali je ubrzo počeo da piše beleške kojima su povod bile vesti iz sveta, naslovljene *Sadašnjica* i *Na marginama telegrafa*, gde povodom nevažnih događaja i ličnosti piše kritiku nacizma i fašizma, stanja društva u SAD, itd. U januaru 1941. Arlt pošao je na poslednje putovanje kao novinar, i to u Čile, gde je iste godine objavio zbirku priča nastalu na putovanju po Maroku, *Odgajivač gorila*. Godinu dana ranije umrla mu je supruga Karmen Antinući, sa kojom već neko vreme nije živeo. Ubrzo posle njene smrti Arlt se oženio sekretaricom novina *El Mundo* Elizabet Šajn, koja je 1999. objavila uspomene na njihov brak pod naslovom „Hiljadu dana s Robertom Arltom“.

U vreme dok se aktivno bavio književnošću i novinarstvom, neprestano je pokušavao da se obogati kao pronalazač, ali ga je tu čekao potpun neuspeh. S nešto malo para koje je imao glumac Paskval Nakarati napravio je preduzeće ARNA (Arlt i Nakarati) i otvorio malu hemijsku laboratoriju, u kojoj je radio na pronalasku na koji je bio veoma ponosan, čarapama ojačanim kaučukom, koje nikada nisu proizvođene, a po rečima jednog prijatelja, „ličile su na čizme za vatrogasce“. Hemijska formula sačuvana je i patentirana. Kako je u svojim uspomenama zabeležila Elizabet Šajn, „čarape nisu bile upotrebljive... ljudi su govorili da mu je bolje da se bavi pisanjem i da ne gubi vreme na to. Ali njega je i dalje opčinjavao njegov izum“. Arlt je umro od srčanog napada 26. jula 1942. godine. Kortasar kaže da je umro radeći u svojoj laboratoriji na doradi svog pronalaska.

Roberto Arlt se duboko razlikuje od Rikarda Guiraldesa, čiji je bio prijatelj i sekretar, i koji mu je pomogao da objavi svoj prvi roman. Mada se u oba romana prvi put u argentinskoj književnosti kao glavni junaci pojavljuju adolescenti koji putuju zemljom kako bi učili i na tom putu doživeli uspeh ili potpuni poraz. U romanu *Don Segundo Sombra* glavni junak postiže svojevrstan uspeh i u nasleđe dobija kreolska znanja, stiče književne veštine i upoznaje se sa životom na velikim posedima u vlažnoj pampi, a Silvio Astijer u *Besomučnoj igrački* nema nikakvih mogućnosti da dođe do bilo kakvog dobra, materijalnog ili simboličkog, što ga dovodi u bezizlazan položaj. Silvio Astijer hoće da podmetne požar u knjižari u kojoj radi: ostavi žar na gomili hartije i odlazi, ubeđen da će do požara doći. Te noći oseća da je „konačno slobodan", i njegov postupak čini mu se dostojnim umetnosti: „Koji bi slikar naslikao zaspalog prodavca kako se osmehuje u snu zato što je zapalio lopovsku jazbinu svoga gazde?" Veličina tog sna u ironičnom je kontrastu sa žarom koji se ugasio u masnoj bari od opranih sudova. Silvio kao i drugi Arltovi junaci raspolaže sredstvima koja su u patetičnoj nesrazmeri prema ciljevima. O istoj bezizglednosti govori i susret sa homoseksualcem u sobi u pansionu, posle kojeg Silvio u zoru luta po gradu. Iza vrata prodavnica naslućuje beskrajna bogatstva: „A ja kao pas tumaram gradom kud me noge nose. Nakostrešen od mržnje, pripalio sam cigaretu i zlobno bacio upaljenu šibicu na ljudsku priliku koja je sklupčana spavala u nekoj kapiji; plamičak je zatreperio među ritama." Nekoliko pasusa dalje dolazi „do neizbežnog zaključka: Nema vajde, moram da se ubijem."

Silvio je ocinkario prijatelja koji je spremao pljačku. Jedno od objašnjenja za taj postupak je sledeće: „Ima trenutaka u životu kad imamo potrebu da budemo šljam, da se uprljamo iznutra, da uradimo nešto sramno, šta ja znam... da nekom čoveku zauvek uništimo život... I kad to uradimo, možemo mirno da nastavimo svojim putem." Silvio zna da je cinkarenje ekstreman oblik izdaje. Zato i cinkari. Na kontrastu koji se uspostavlja između cinkarenja i njegovih posledica Silvio gradi svoj odnos prema životu. Gradom kojim se kreće Astijer vladaju neprijateljstvo i odbacivanje, niko ne može uspešno da postane deo nečega većeg, a roman se završava obećanjem budućeg putovanja koje predstavlja najavu izgnanstva: treba otići na drugo mesto, jer ovde mesta nema. Arlt osećanje pretvara u cinizam, očajanje, bes ili licemerje.

I junak romana *Sedam ludaka* i *Bacači plamena*, inkasant preduzeća za proizvodnju i prodaju šećera, Remo Erdosajn optužen je za prevaru. Ne bi li vratio ukradeni novac, obraća se ludom apotekaru Ergeti i prevarantu Hafneru, „Melanholičnom pokvarenjaku", i ulazi u tajno udruženje Astrologa Alberta Lesina, koji namerava da stvori novo društvo zasnovano na potčinjavanju većine. Sitni prevarant „sa solidarnom odgovornošću" dobiće zadatak da razori staro društvo smrtonosnim gasovima, a prevarant Hafner da finansira novo društvo kroz eksploataciju javnih kuća. Roman sadrži elemente društveno-političke situacije, u Argentini i u svetu: tu su i fašizam i komunizam, i revolucionarne težnje i moć kapitala, pretnja vojne diktature, Kju-kluks klan, teskoba međuratnog razdoblja. Mada je roman pun akcije, pisca pre svega zanima „iščašeni, intenzivni, teskobni unutrašnji život" junaka: Šta je smisao života? Da li su ljubav i komunikacija moguće? Da li je čovek večito osuđen na neuspeh? Erdosajn je „čovek koji pati, sanja, tela do pazuha uronjenog u blato", koji se „valja u blatu u čežnji za čistotom".

Arltovi romani odvijaju se u sredini u kojoj vlada haos, gde se ne vidi smisao niti izlaz, njegovi junaci putuju između ideologije i besmisla: „Poći ću sa vama pošto mi je dosadno. Kad već život nema nikakvog smisla, svejedno je kojem ćemo se carstvu privoleti." Svaki Arltov junak živi u supstvenom zatvoru, uz stalnu svest o neuspehu, ali u iščekivanju spasa koji može stići samo kroz neki „izvanredan događaj", plod genijalne ideje ili iznenadne srećne zgode, za koje i sami junaci smatraju da nema velikih izgleda. Erdosajn, svestan toga da je „neuspeli pronalazač i prestupnik na ivici zatvora", na trenutke oseća teskobu, prihvata da su svi ludi, pristaje na život bez smisla. On nema neki poseban osećaj krivice, ali ni zadovoljstva. U Arltovom svetu nema sredine: uobičajena stanja njegovih junaka su nasilje ili krajnja bezvoljnost. Individualizam i ironija nadvladavaju socijalnu problematiku: „Upoznao sam veličanstvenog čoveka — kaže Erdosajn — koji je čvrsto ubeđen da je laž osnova ljudske sreće, i rešio sam da ga podržim u svemu." Arlt ne objašnjava svoje ideološke stavove. Njegovi junaci preziru sve, bes i sarkazam umeću se u nezamislivim situacijama koje su ili parodija ili apsurd: „I vidite molim vas možete li da saznate šta je to gas plikavac. Razara svaku supstancu koja nije zaštićena neprobojnim omotačem natopljenim u zejtin." Rešenje koje Arlt traži pre je nalik onima koja traže i španski pisci Generacije '98 i to u donekle sličnim okolnostima. Njegovi junaci su kao junaci nekakvog feljtona koji obuhvata sve, od metafizičke teskobe do odbacivanja sentimentalizma i surovih ekspresionističkih slika, zajedno s lucidnom fantazijom u koju Arlt ubacuje ironičnu igru dvosmislica.

Danas se u Argentini više ne dovodi u pitanje činjenica da Arltovo delo čini deo kanona nacionalne književnosti. Često ga porede s Borhesom, suprotstavljajući jednoga drugom: Arlt je marginalni pisac, anarhista, revolucionar, polupismen, nasuprot Borhesu, etabliranom stilisti rafinirane kulture. Međutim, do sredine pedesetih godina, uprkos pošti koju su mu odali njegovi drugovi u avgustu 1942, kritičari se nisu zanimali za njegove tekstove. Godine 1950. Raul Lara je objavio knjigu *Roberto Arlt, mučenik*, u kojoj je dao sliku Arlta koja će se nametnuti u prvo vreme. Druga strana, na kojoj će se insistirati šezdesetih godina, predstavljaće reviziju Arltovih tekstova i društvene uloge književnosti, koju je započela grupa studenata „oceubica", okupljena oko braće Vinjas i Noe Hitrika, 1954, jeste tendencija koja će doći do vrhunca u tekstu romansijera i pripovedača Rikarda Pilje „Roberto Arlt: jedna kritika književne ekonomije", iz 1973. godine. Krajem sedamdesetih i početkom osamdesetih, to jest, tokom poslednje vojne diktature (1976–1983) argentinska književnost je u Arltovim tekstovima tražila načine na koje će izbeći cenzuru i represiju.

Arlt je pisac za različitu publiku, čitaju ga studenti, čita se kao školska lektira, čitaju ga drugi pisci: ostavio je traga na piscima poput Huana Karlosa Onetija, Hulio Kortasar ga s poštovanjem pominje u svojim pričama i u *Školicama*; Ernesto Sabato sebe vidi kao Arltovog naslednika; izvesni elementi u delima Manuela Puća ukazuju na Arltov uticaj, a najviše ga je proučavao Rikardo Pilja, koji ga je čak uveo kao junaka u svoje romane. Arlt i Borhes, gotovo vršnjaci, poznavali su se i pisali jedan o drugom. Arlt je 1929. napisao reportažu u kojoj između ostalog govori o Borhesu. Borhesa je oduševio Arltov roman *Besomučna igračka*, koji je smatrao za bolji od svega što je napisao Orasio Kiroga, i priču „Nedostojni" u knjizi *Brodijev izveštaj* napisao je kao omaž Arltu, kako kaže Rikardo Pilja, „jedinom savremeniku koga je smatrao sebi ravnim".

U romanu *Besomučna igračka*, koji je španski kritičar Blas Matamoro nazvao „možda najboljim romanom napisanim u Argentini", Roberto Arlt predlaže nebrojene definicije umetničkog dela, između ostalog i tu da je umetničko delo – besomučna igračka. Odista, autor se igra jednom napravom, to jest, služi se oruđem kojem oduzima njegove uobičajene funkcije kako bi ga pretvorio u nešto drugo. Ali to nešto nije inertna stvar, nego NEŠTO što se besomučno buni protiv svog tvorca i čitalaca. Eksplodira im u rukama, primorava ih da postanu aktivni, da se brane ili da se muče oko te čudnovate naprave. Da bi radio sa tako opasnom mašinerijom, Arlt raspolaže relativno skromnim mogućnostima. On nije pisac intelektualističke tradicije, njegova biblioteka savim je različita od biblioteke njegovog savremenika Borhesa.

Arlt je izašao na glas kao pisac intuicije, divalj, nedovoljno obrazovan. Hranio se knjigama koje je uspevao da ukrade, kao dečaci iz njegovih romana koji kradu knjige iz javne biblioteke i nalete na Lugonesove *Zlatne planine*. Orasio Kiroga je napisao deset zapovesti savršenog pisca, a Roberto Arlt statut pisca-lopova koji silom lične odluke uzima sve knjige koje mu dođu pod ruku, bez ikakve školske dicipline i kanona Nezaobilazne Velike Književnosti.

Argentinskoj književnosti u to doba nije bila namenjena sudbina velike književnosti. Bila je to književnost zabačene zemlje, siromašnog rođaka pozvanog na gozbu zapadnog diskursa, slobodna u stvaranju sopstvenih tradicija, slobodna da uzme sve što joj se nađe na dohvatu, pa bili to ruski romansijeri, bolje ili lošije prevedeni, francuski ili španski feljtoni, i jezik mešanaca, evropskih doseljenika – Italijana, Nemaca, Engleza, i, naravno, Španaca, višejezičnost naučena kod kuće, pa i – esperanto. Svi ti jezici, kao odgovor i kao odjek sa južnog kraja sveta na zahteve učenih drevnih akademija.

Arlt je imao vremena da napiše četiri romana, nekoliko pripovedaka, nebrojene hronike i pregršt dramskih dela. Za života su ga mnogi čitali, ali kritika ga nije cenila. Prošle su decenije dok nisu počeli da ga čitaju ozbiljno. Danas predstavlja nacionalnu veličinu, ali njemu ni na kraj pameti nije bilo da bi se tako nešto moglo desiti. Besomučna igračka ipak i dalje radi, i dalje praska od besa: njeni avanturisti, ludaci, ženice i ženturače, manijaci, revolucionari, despoti, lopovi, prevaranti u nama i dalje mogu da izazovu užas ili sažaljenje, jer nam ostaju neizdrživo bliski.

Aleksandra Mančić

SADRŽAJ

CIP - Каталогизација у публикацији
Народна библиотека Србије

821.134.2(82)-31
821.134.2(82).09 Арлт Р.

АРЛТ, Роберто

    Besomučna igračka : roman / Roberto Arlt ; prevela Aleksandra
Mančić. – Beograd : Rad, 2007 (Lazarevac : Elvod-print). – 190 str. ; 18 cm.
(Reč i misao ; knj. 581)

Prevod dela: El juguete rabioso. – Str. 179–190: O piscu i delu / Aleksandra
Mančić.

ISBN 978-86-09-00963-1

COBISS.SR-ID 143259660

Roberto Arlt • BESOMUČNA IGRAČKA • Izdavačko preduzeće RAD
Beograd, Dečanska 12 • Za izdavača SIMON SIMONOVIĆ • Lektor i
korektor MIROSLAVA STOJKOVIĆ • Štampa Elvod-print, Lazarevac

www.ingramcontent.com/pod-product-compliance
Lightning Source LLC
Chambersburg PA
CBHW062216080426
42734CB00010B/1907